# Gerenciamento do escopo em projetos

Central de Qualidade — FGV Management
ouvidoria@fgv.br

PUBLICAÇÕES
FGV Management

SÉRIE GERENCIAMENTO DE PROJETOS

# Gerenciamento do escopo em projetos

2ª edição


Mauro Afonso Sotille

Luís César de Moura Menezes

Luiz Fernando da Silva Xavier

Mário Luis Sampaio Pereira


FGV management

FGV EDITORA

ISBN — 978-85-225-0813-6



Direitos desta edição reservados à EDITORA FGV
Rua Jornalista Orlando Dantas, 37
22231-010 — Rio de Janeiro, RJ — Brasil
Tels.: 0800-021-7777 — 21-3799-4427
Fax: 21-3799-4430
E-mail: editora@fgv.br — pedidoseditora@fgv.br
www.fgv.br/editora

Impresso no Brasil / *Printed in Brazil*



1ª edição — 2007; 1ª e 2ª reimpressões — 2007; 3ª e 4ª reimpressões — 2008; 2ª edição — 2010.

*Preparação de originais*: Ana Paula Dantas
*Editoração eletrônica*: FA Editoração Eletrônica
*Revisão*: Aleidis de Beltran e Marco Antonio Corrêa
*Capa*: aspecto:design
*Ilustração de capa*: André Bethlem

Ficha catalográfica elaborada pela
Biblioteca Mario Henrique Simonsen / FGV

Sotille, Mauro Afonso

Gerenciamento do escopo em projetos / Mauro Afonso Sotille... [et al.]. 2. ed. — Rio de Janeiro : Editora FGV, 2010.
172 p. : (Gerenciamento de projetos)

Em colaboração com: Luís César de Moura Menezes, Luiz Fernando da Silva Xavier, Mário Luis Sampaio Pereira
Acima do título: Publicações FGV Management.
Inclui bilbiografia.

1. Administração de projetos. I. Menezes, Luís César de Moura. II. Xavier, Luiz Fernando da Silva. III. Pereira, Mário Luis Sampaio. IV. Fundação Getulio Vargas. V. FGV Management. VI. Título. VII. Série.

CDD — 658.404

*Aos nossos alunos e aos nossos colegas docentes,*
*que nos levam a pensar e repensar as nossas práticas.*

# Sumário

Apresentação 11

Introdução 15

1 | Fundamentos e processos do gerenciamento do escopo 19

O gerenciamento do escopo no contexto do gerenciamento de projetos 20

As falhas em projetos e o gerenciamento do escopo 21

Escopo do produto e escopo do projeto 24

O escopo do cliente 24

Gerenciamento por objetivos 25

Entregas 28

Gerenciando as expectativas das partes interessadas 28

Os grupos de processos 29

Processos específicos do gerenciamento do escopo 33

Plano de gerenciamento do escopo do projeto 36

*Goldplating* 39

2 | **Coletar os requisitos 41**

Termo de abertura do projeto 42

Avaliação das partes interessadas 46

Técnicas para coletar os requisitos 56

Documentação dos requisitos 67

Matriz de rastreabilidade de requisitos 68

Plano de gerenciamento dos requisitos 69

3 | **Definir o escopo 71**

A importância de uma boa definição do escopo 71

Declaração de escopo: um documento-chave de consenso entre os envolvidos 73

Como preparar uma boa declaração de escopo 78

Diferenças entre a declaração do escopo e o termo de abertura do projeto 88

4 | **Criar a estrutura analítica do projeto (EAP) 91**

Estratégia possível para a criação de uma EAP 93

Os 10 mandamentos de uma EAP 98

Estratégia *bottom-up* (de baixo para cima) *versus top-down* (de cima para baixo) 102

Dicionário da EAP 104

5 | **Verificar o escopo 109**

Monitoramento e verificação do escopo do projeto 109

Momentos da verdade: a voz do cliente no projeto 112

A definição das entregas no projeto 116

Como garantir as entregas no projeto 119

6 | **Controlar o escopo 125**

Entradas no processo 126

O ciclo de controle do escopo 128
Mudanças de escopo 129
Finalizando o controle do escopo 136
Fatores críticos no gerenciamento do escopo 138

Conclusão 143

Referências 149

Apêndice – Exemplos de EAP 153

Os autores 169

# Apresentação

Este livro compõe as Publicações FGV Management, programa de educação continuada da Fundação Getulio Vargas (FGV).

Instituição de direito privado com mais de meio século de existência, a FGV vem gerando conhecimento por meio da pesquisa, transmitindo informações e formando habilidades por meio da educação, prestando assistência técnica às organizações e contribuindo para um Brasil sustentável e competitivo no cenário internacional.

A estrutura acadêmica da FGV é composta por oito escolas e institutos: a Escola Brasileira de Administração Pública e de Empresas (Ebape), dirigida pelo professor Flavio Carvalho de Vasconcelos; a Escola de Administração de Empresas de São Paulo (Eaesp), dirigida pela professora Maria Tereza Leme Fleury; a Escola de Pós-Graduação em Economia (EPGE), dirigida pelo professor Renato Fragelli Cardoso; o Centro de Pesquisa e Documentação de História Contemporânea do Brasil (Cpdoc), dirigido pelo professor Celso Castro; a Escola de Direito de São Paulo (Direito GV), dirigida pelo professor Ary Oswaldo Mattos Filho; a Escola de Direito do Rio de Janeiro (Direito Rio), dirigida pelo professor Joaquim Falcão; a Escola de Economia de São Paulo (Eesp), dirigida pelo professor Yoshiaki Nakano; o Instituto Brasileiro de Economia (Ibre), dirigido pelo professor Luiz Guilherme Schymura de Oliveira. São diversas unidades com a marca FGV, trabalhando com a mesma filosofia: gerar e disseminar o conhecimento pelo país.

Dentro de suas áreas específicas de conhecimento, cada escola é responsável pela criação e elaboração dos cursos oferecidos pelo Instituto de Desenvolvimento Educacional (IDE), criado em 2003 com o objetivo de coordenar e gerenciar uma rede de distribuição única para os produtos e serviços educacionais da FGV, por meio de suas escolas. Dirigido pelo professor Clovis de Faro e contando com a direção acadêmica do professor Carlos Osmar Bertero, o IDE engloba o programa FGV Management e sua rede conveniada, distribuída em todo o país (ver www.fgv.br/fgvmanagement), o programa de ensino a distância FGV Online (ver www.fgv.br/fgvonline), a Central de Qualidade e Inteligência de Negócios e o Programa de Cursos Corporativos In Company. Por meio de seus programas, o IDE desenvolve soluções em educação presencial e a distância e em treinamento corporativo customizado, prestando apoio efetivo à rede FGV, de acordo com os padrões de excelência da instituição.

Este livro representa mais um esforço da FGV em socializar seu aprendizado e suas conquistas. Ele é escrito por professores do FGV Management, profissionais de reconhecida competência acadêmica e prática, o que torna possível atender às demandas do mercado, tendo como suporte sólida fundamentação teórica.

A FGV espera, com mais essa iniciativa, oferecer a estudantes, gestores, técnicos — a todos, enfim, que têm internalizado o conceito de educação continuada, tão relevante nesta era do conhecimento — insumos que, agregados às suas práticas, possam contribuir para sua especialização, atualização e aperfeiçoamento.

*Clovis de Faro*
Diretor do Instituto de Desenvolvimento Educacional

*Ricardo Spinelli de Carvalho*
Diretor Executivo do FGV Management

*Sylvia Constant Vergara*
Coordenadora das Publicações FGV Management

# Introdução

O objetivo deste livro é apresentar referencial teórico necessário para aprimorar os conhecimentos no gerenciamento do escopo em projetos, incluindo conceitos e princípios do gerenciamento de projetos e a indicação de meios adequados para se pôr em prática as informações aqui transmitidas. Os processos descritos neste livro podem ser aplicados a qualquer projeto, independentemente do negócio, cliente, solução ou abordagem.

É um guia para o gerenciamento do escopo, não uma prescrição. Os processos geralmente aceitos, descritos aqui, devem ser aplicados conforme requerido, de modo a atingir as necessidades específicas de cada projeto, sendo aplicáveis para a maior parte dos projetos, a maior parte do tempo. Embora haja um consenso sobre seu valor e utilidade, os processos podem não se aplicar de modo uniforme a todos os projetos. A equipe de gerenciamento do projeto é responsável por determinar o que é apropriado para cada projeto.

A globalização, as tecnologias emergentes, a reestruturação das organizações e a busca pela eficiência na gestão empresarial tornam o gerenciamento de projetos assunto fundamental para a continuidade e sobrevivência das organizações.

Fundado em 1969, o PMI® (Project Management Institute) é a principal organização mundial no que se refere ao gerenciamento de projetos, contribuindo para o avanço da ciência e aplicação de modernas técnicas de gerenciamento de projetos. O PMI® foi estabelecido para criar os padrões, avançar a ciência e promover a responsabilidade profissional no gerenciamento de projetos. O PMI® estima que US$ 12 trilhões sejam gastos anualmente em projetos, no mundo todo, o que equivale a mais de 25% do PIB mundial, e que mais de 20 milhões de profissionais estão envolvidos diretamente com gerenciamento de projetos, mundialmente (Weiss, 2009).

Estudos como o do Standish Group (The Standish, 2009) indicam que somente 32% dos projetos mundiais são bem-sucedidos ao cumprir o orçamento, cronograma e qualidade planejados. Entretanto, veja que os mesmos estudos indicam uma taxa de sucesso de 75% para projetos que empregam os conceitos modernos de gerenciamento de projetos. Esses fatos compõem as forças por trás do enorme interesse em técnicas modernas de gerenciamento de projetos.

O incremento no volume de projetos, aliado à necessidade de resultados mais rápidos, com maior qualidade e menor custo, somente reforça a importância do bom gerenciamento do escopo dos projetos, como forma de garantir que todo o trabalho necessário para a conclusão bem-sucedida de um projeto esteja descrito e aprovado para que possa ser controlado e as necessidades dos clientes atendidas.

No primeiro capítulo, temos a definição do que é o gerenciamento do escopo do projeto e sua contextualização no gerenciamento de projetos modernos. São definidos os conceitos de escopo e entrega, gerenciamento por objetivos e introduzidos os processos relacionados a coletar os requisitos, definir, decompor, verificar e controlar o escopo. São vistos também o plano de gerenciamento do escopo, que descreve como os escopos do projeto e do produto serão gerenciados e como as modificações no escopo serão integradas no projeto.

A maioria dos projetos inicia com algum tipo de requisito. Assim, o segundo capítulo, além de tratar sobre o termo de abertura do projeto, documento que autoriza formalmente a existência de um projeto, trata da coleta de requisitos e de técnicas recomendadas para tal propósito. As principais saídas desse processo são um plano de gerenciamento dos requisitos (parte do plano de gerenciamento do projeto), a matriz de rastreabilidade dos requisitos e a documentação relacionada aos requisitos.

O tema do terceiro capítulo, definição do escopo, é o desenvolvimento de uma declaração do escopo detalhada do projeto como a base para futuras decisões do projeto. A declaração do escopo inclui as principais entregas, os objetivos, premissas e restrições do projeto e uma descrição do que precisa ser realizado.

No quarto capítulo, que envolve a criação da estrutura analítica do projeto, você poderá verificar que o detalhamento adequado do escopo do projeto deverá proporcionar estimativas mais precisas e uma linha de base[1] para medir o progresso e exercer controle e para a atribuição clara de responsabilidades e das tarefas do projeto.

No quinto capítulo é abordado o processo de obtenção da aceitação formal do escopo terminado e das entregas associadas pelas partes interessadas.

---

[1] Segundo o PMI (2008), a linha de base é o plano aprovado para um projeto, somadas ou subtraídas as mudanças aprovadas. É comparada com o desempenho real para determinar se o desempenho está dentro dos limites de variação aceitáveis. Em geral, refere-se à linha de base atual, mas pode se referir à original ou a alguma outra linha de base. Normalmente usada com um atributo modificador (por exemplo, linha de base do desempenho de custos, do cronograma, da medição do desempenho, da técnica).

O último capítulo fala sobre influenciar os fatores que criam mudanças no escopo do projeto e de controlar o impacto dessas mudanças, por meio de um sistema de controle de mudanças do escopo, parte de um sistema de gerenciamento integrado de mudanças do projeto. Além disso, você verá a razão de o escopo ser um fator crítico para o sucesso do projeto.

Por fim, são apresentadas as conclusões deste livro.

É importante lembrar que, embora o termo projeto possa ser utilizado (por engenheiros e arquitetos principalmente) para se referenciar a desenhos técnicos e arquitetônicos, este livro trata os projetos como empreendimentos.

Não esqueça também que qualquer projeto deve ser ligado às necessidades negociais da organização e atender às necessidades explícitas e implícitas (os desejos) das partes interessadas. Boa leitura.

# 1

# Fundamentos e processos do gerenciamento do escopo

Neste capítulo você obterá informações sobre o gerenciamento do escopo do projeto e sua importância na definição do trabalho necessário para concluir o projeto.

Você já deve ter ouvido a expressão popular que diz "quem falha em planejar, planeja para falhar". Neste capítulo veremos a causa mais usual de falhas em projetos: a falta de planejamento. São feitas a definição de entrega e a distinção entre escopo do produto e escopo do projeto, além de serem apresentados os processos do gerenciamento do escopo do projeto e sua relação com os grupos de processos do gerenciamento de projetos.

O gerenciamento do escopo do projeto é o processo que garante que o projeto inclui todo o trabalho requerido, e somente o trabalho requerido, para completá-lo com sucesso. O gerenciamento do escopo é a base para o planejamento do projeto e para a criação de sua linha de base, e deve ser conduzido de forma precisa, uma vez que forma a base do trabalho a ser desenvolvido no projeto (e a ser pago pelo cliente).

## O gerenciamento do escopo no contexto do gerenciamento de projetos

O Project Management Institute (PMI, 2008) define projeto como "um esforço temporário empreendido para criar um produto, serviço ou resultado exclusivo".

Segundo a norma NBR/ISO 10006 (ABNT, 2006), projeto é "um processo único, consistindo em um grupo de atividades coordenadas e controladas com datas para início e término, empreendido para alcance de um objetivo conforme requisitos específicos, incluindo limitações de tempo, custo e recursos".

No mundo de negócios e mudanças rápidas que vivemos hoje, temos de criar padrões, técnicas e ferramentas de modo a obter resultados de forma rápida e eficiente. O gerenciamento de projetos é descrito por muitos como "ciência para conseguir obter os resultados". Trata-se de iniciar, planejar, executar e controlar projetos até seu encerramento ordenado, consistindo na aplicação de conhecimentos, habilidades, ferramentas e técnicas com o objetivo de atingir ou até mesmo exceder às necessidades e expectativas dos clientes e demais partes interessadas[2] em relação a um projeto.

O conjunto de áreas de conhecimento do gerenciamento de projetos propõe práticas e princípios que devem ser utilizados para gerenciar o projeto.[3] A área de conhecimento do gerenciamento do escopo do projeto é aquela que trata, principalmente, da definição e controle do que está e do que não está incluído no projeto, ou seja, a fundamentação do planejamento do projeto. Serve para a criação da linha de base do

---

[2] *Stakeholders*: pessoas e organizações, como clientes, patrocinadores, organizações executoras e o público, que estejam ativamente envolvidas no projeto ou cujos interesses possam ser afetados de forma positiva ou negativa pela execução ou término do projeto (PMI, 2008).

[3] Maiores informações sobre os princípios fundamentais de gerenciamento de projetos podem ser obtidos em Vale (2006).

escopo, onde estão contidos os elementos necessários para que possamos nos assegurar de que o projeto inclui a descrição de todo o trabalho necessário para a sua conclusão bem-sucedida. Assim, trabalho não descrito no plano de gerenciamento do projeto não faz parte do projeto.

Os projetos são um meio de organizar atividades que não podem ser abordadas dentro dos limites operacionais normais da organização e, portanto, frequentemente utilizados como um meio de atingir as metas definidas no plano estratégico de uma organização. Os objetivos da organização são traduzidos em estratégias, as quais são implementadas por meio de projetos, como podemos ver na figura 1.

Figura 1

**PROJETOS E PLANEJAMENTO ESTRATÉGICO**

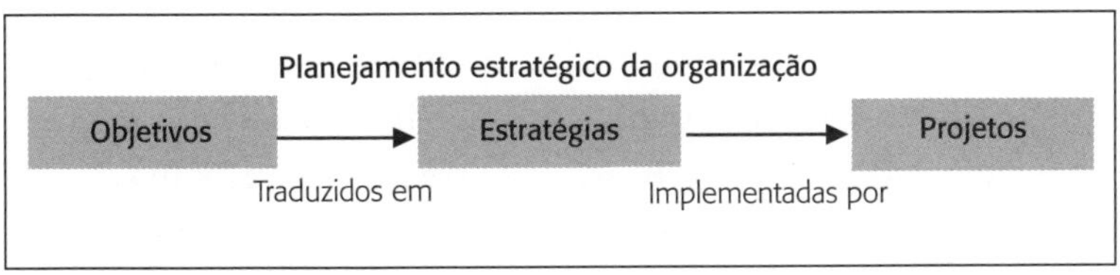


Os projetos devem, portanto, estar de acordo com o plano estratégico da organização e seu escopo deve estar relacionado à necessidade do negócio ou outros estímulos que deram origem ao produto, sob pena de falhar.

## As falhas em projetos e o gerenciamento do escopo

A falha em definir exatamente o que será feito provavelmente irá impactar o custo (e talvez o lucro) de um projeto, ou pior, resultar em um projeto que produz entregas que o cliente se recusa a aceitar.

Um dos aspectos de maior relevância num projeto é o tempo dedicado ao planejamento do mesmo e, em particular, à caracterização do escopo. É aqui que atividades aparentemente simples são menosprezadas ou desconsideradas. É a etapa na qual busca-se garantir que todas as partes interessadas, desde o contratante até cada um dos projetistas, tenham um conhecimento comum e preciso daquilo que deverá ser feito para gerar o produto desejado e nada mais do que o produto desejado. Em outras palavras, um conhecimento das necessidades e expectativas do cliente.

Espera-se que os projetos tenham um objetivo claro e entendido por todas as partes interessadas. A realidade, no entanto, pode ser bem diferente. Muitos projetos iniciam com uma ideia vaga do resultado final ou com apenas uma definição superficial. Assim, muitos projetos falham devido à má definição do escopo.

Desde 2003, anualmente, voluntários de seções regionais brasileiras do PMI desenvolvem o *Estudo de benchmarking em gerenciamento de projetos Brasil*, que traz como principal resultado o posicionamento de importantes segmentos empresariais brasileiros em relação a aspectos relevantes para identificar o alinhamento das organizações às melhores práticas em gerenciamento de projetos. Graças a investigações como as consolidadas no estudo é possível estabelecer alguns contornos relativos ao gerenciamento de projetos no Brasil.

O *Estudo de benchmarking em gerenciamento de projetos Brasil* (PMI-BR, 2008), realizado com 373 importantes organizações de vários portes e pertencentes a diversos setores econômicos, ajuda a ilustrar a importância relativa do planejamento e definição do escopo para o sucesso dos projetos. O quadro 1 lista os problemas que ocorrem com maior frequência nos projetos, relatados pelos pesquisados, em ordem decrescente.

Quadro 1

**Problemas mais frequentes nos projetos**

1. Não cumprimento dos prazos estabelecidos.
2. Mudanças de escopo constantes.
3. Problemas de comunicação.
4. Escopo não definido adequadamente.
5. Riscos não avaliados corretamente
6. Recursos humanos insuficientes.
7. Concorrência entre o dia a dia e o projeto na utilização dos recursos.
8. Não cumprimento do orçamento estabelecido.
9. Mudanças de prioridade constantes ou falta de prioridade.
10. Estimativas incorretas ou sem fundamento.
11. Problemas com fornecedores.
12. Falta de definição de responsabilidades.
13. Retrabalho em função da falta de qualidade do produto.
14. Falta de uma ferramenta de apoio.
15. Falta de competência para gerenciar projetos.
16. Falta de uma metodologia de apoio.
17. Falta de apoio na alta administração/patrocinador.
18. Falta de conhecimento técnico sobre a área de negócio da organização.

Fonte: PMI-BR (2008).

Grande parte dos problemas é decorrente da falta de planejamento e controle do escopo. A questão que se impõe então é determinar o que, afinal, se pretende fazer. A falha nessa determinação causa incremento não desejado do escopo (*scope creep*),[4] atrasos no cronograma, custos acima do previsto, falta de recursos de pessoal, mudanças de requisitos e especificações, qualidade abaixo da esperada, produtos que não satisfazem o cliente e até mesmo o cancelamento do projeto. Conforme a complexidade do

[4] *Scope creep* é a adição de recursos e funcionalidade sem consideração dos efeitos sobre tempo, custos e recursos. Em geral ocorre devido a mudanças não controladas, ocorridas quando o escopo aumenta, à medida que o cliente vai entendendo suas necessidades e reformulando seus objetivos.

projeto aumenta, o nível de risco ou incerteza ao tentar definir o escopo do trabalho, provavelmente, aumenta também.

É importante que seja notada a diferença entre escopo do produto e escopo do projeto. Ignorar essa diferença é um equívoco recorrente.

## Escopo do produto e escopo do projeto

O escopo do produto está relacionado ao conjunto de características e funções que descrevem um produto, serviço ou resultado, seja ele parcial ou final. Está intimamente relacionado aos requisitos e especificações fornecidos pelo cliente e por outras partes interessadas, os quais podem ser mais ou menos detalhados. Muitas vezes ele é desenvolvido pela equipe do projeto junto ao próprio cliente. Já o escopo do projeto refere-se ao trabalho que deve ser realizado para entregar um produto, serviço ou resultado com as características e funções especificadas.

Segundo o PMI (2008), a conclusão do escopo do projeto é comparada ao plano de gerenciamento do projeto e a conclusão do escopo do produto é comparada aos requisitos do produto.

Em geral, o resultado de um projeto pode incluir componentes auxiliares, cada um deles com seu próprio escopo do produto separado, mas interdependente. Por exemplo, se você foi contratado para fazer um avião, uma das entregas é o próprio avião, porém existem outras entregas que são necessárias para o sucesso do projeto, como um hangar para fabricar o avião, simulador de voo, treinamento, dados etc.

## O escopo do cliente

Xavier (2009:71) propõe que o escopo do projeto seja maior que o escopo para o cliente, como mostrado graficamente na figura 2, uma vez que depende da estratégia de condução do projeto.

> Um cliente solicita a construção de uma termoelétrica estabelecendo todas as características que ela deve ter, podendo ter fornecido inclusive um projeto básico de engenharia. Para que a termoelétrica seja construída são necessários: aquisição das turbinas, transporte marítimo e terrestre, seguro e outras entregas, como as do gerenciamento do projeto, não solicitadas explicitamente pelo cliente, neste caso.

Figura 2

**ESCOPO DO PROJETO X ESCOPO PARA O CLIENTE**

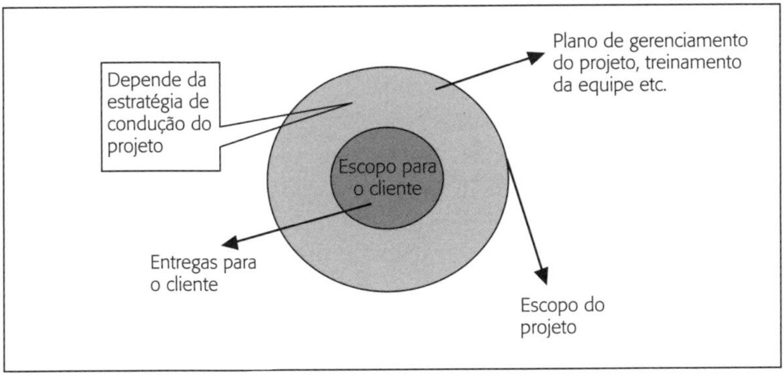


Fonte: Xavier (2009).

## Gerenciamento por objetivos

Durante o gerenciamento do escopo, os escopos do produto e do projeto devem ser integrados, bem como as entregas das diferentes especialidades funcionais, de modo a viabilizar que o projeto venha a ser gerenciado por objetivos.

O gerenciamento por objetivos é uma filosofia administrativa que preconiza que uma organização deve ser gerenciada por objetivos ou metas. É necessário estabelecer objetivos realistas e não ambíguos, avaliar periodicamente se eles estão sendo atingidos e, se necessário, tomar ações corretivas.

É uma abordagem sistêmica muito utilizada para dirigir e controlar projetos, alinhando as metas do projeto àquelas da organização, às subatividades organizacionais e às metas individuais. Uma regra prática é definir objetivos Smart, descritos no quadro 2.

Quadro 2
**OBJETIVOS SMART**

| | |
|---|---|
| ❑ *Specific* | Específico |
| ❑ *Measurable* | Mensurável |
| ❑ *Achievable* | Realizável |
| ❑ *Relevant* | Relevante |
| ❑ *Time-framed* | Dentro de um prazo |

Um exemplo de declaração de objetivos que inclui as características Smart é o discurso de John F. Kennedy, em 1963, capturado em vídeo (Nasa, 2001).

> Nós escolhemos ir para a lua nesta década e fazer as outras coisas, não porque elas são fáceis, mas porque elas são difíceis, porque o objetivo irá servir para organizar e medir o melhor da nossa energia e habilidades, porque este desafio é somente um dos que nós desejamos aceitar, um que nós não desejamos fazer mais tarde e um que nós desejamos vencer, e os outros, também...
>
> Nós sentimos o chão tremer e o ar se partir com o teste de um foguete Saturno C-1, muito mais poderoso que o Atlas que lançou John Glenn, gerando uma força equivalente a 10.000

> automóveis com sua aceleração máxima. Nestes últimos 19 meses, pelo menos 45 satélites orbitaram a Terra, quase 40 deles foram feitos nos Estados Unidos.
>
> Durante os próximos cinco anos a Aeronáutica Nacional e a Administração Espacial esperam dobrar o número de cientistas e engenheiros nesta área, aumentar salários e despesas para US$ 60 milhões por ano; investir por volta de US$ 200 em fábricas e laboratórios e dirigir ou contratar mais de US$ 1 bilhão visando esforços espaciais a partir deste centro, nesta cidade.

A figura 3 apresenta os tipos de objetivos mais típicos e talvez os mais importantes de qualquer projeto. Tradicionalmente, os projetos são restritos por um orçamento e uma data de encerramento e desempenho desejados. Modernamente se inclui o escopo claramente definido, que represente as expectativas das partes interessadas. Além disso, gerenciar um projeto inclui o balanceamento de outras restrições conflitantes não apresentadas na figura, como os recursos e os riscos, por exemplo.

Figura 3

**Alguns dos objetivos (restrições) típicos de um projeto**

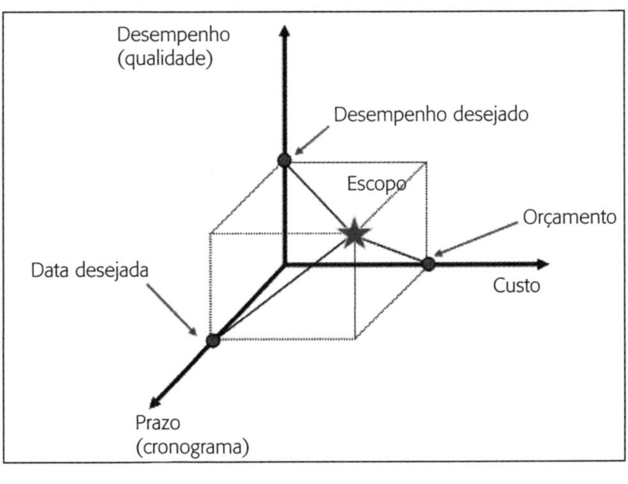

Para os objetivos ligados ao escopo devem ser definidas entregas, que serão verificadas para se determinar se o objetivo realmente foi atingido.

## Entregas

Uma entrega é qualquer produto, resultado ou capacidade para realizar um serviço exclusivo e verificável que deve ser produzido para encerrar um processo, uma fase ou um projeto.

É uma prova de uma atividade concluída que produz um resultado. É tangível e pode ser medida. Permite forte comprometimento pessoal e gerenciamento por objetivos. As entregas são definidas no início do projeto (ou da fase) e aceitas/aprovadas no final do projeto (ou da fase), podendo sua conclusão tornar-se um marco[5] quando possui uma característica de decisão importante.

É necessário, então, que o gerente de projetos seja proativo, uma vez que o maior desafio ao se gerenciar um projeto consiste em levantar com clareza e previsão as entregas, os produtos ou serviços do projeto, garantir que estes estejam alinhados às expectativas do cliente e satisfaçam às necessidades das partes interessadas.

## Gerenciando as expectativas das partes interessadas

Determinar expectativas ou desejos das partes interessadas no projeto requer proatividade e habilidade de comunicação, já que muitas vezes nem mesmo o cliente tem uma ideia clara das entregas ou do objetivo do projeto.

Veja esse caso: nas décadas de 1920-30 as redes de cabelo eram muito populares entre as mulheres, que demandavam

[5] Marco: ponto ou evento significativo no projeto.

dos respectivos fabricantes de tais produtos que cumprissem a função de prender o cabelo, fossem esteticamente agradáveis e confortáveis. Os gerentes de projeto dos fabricantes de redes de cabelo esforçaram-se para cumprir tais requisitos e efetivamente os cumpriram.

Só que, na mesma época, surgiram produtos substitutos das redes, com características que agradaram mais às clientes, tais como fixadores de cabelo líquidos e, posteriormente, em *spray*.

Resultado: a despeito das próprias usuárias e clientes potenciais terem definido os requisitos das redes de cabelo, o produto acabou preterido em relação às novas alternativas recém-criadas. Mas por quê?

A razão do insucesso nesse caso foi a falha na determinação da real necessidade do cliente (implícita), que na realidade não era rede de cabelo e sim a fixação de seu cabelo.

Uma regra prática para a correta determinação do escopo do projeto é fazer o que o cliente quer, não o que ele diz que quer. "Eu sei que você acredita que entendeu o que você pensa que eu disse, mas eu não estou certo que você compreendeu que o que você ouviu não é o que eu quis dizer" (autor anônimo).

Cabe ao gerente do projeto e à sua equipe envolver os interessados no processo de gerenciamento do escopo, em todas as suas fases, tornando-os corresponsáveis pelo sucesso do projeto. Recomenda-se que os principais interessados no projeto participem desde sua definição até os testes do produto final.

Esse envolvimento deve ocorrer durante a execução de todos os processos de gerenciamento do escopo, descritos a seguir.

## Os grupos de processos

Para gerenciar projetos devem ser desenvolvidos processos. Um processo é um conjunto de ações e atividades inter-relacionadas, que visam, através da utilização de conhecimento, habilidades, ferramentas e técnicas, obter um conjunto pré-especificado de produtos, resultados ou serviços.

Os processos buscam responder às seguintes questões:

- quem são as partes interessadas;
- o que deve ser produzido;
- por que devemos fazê-lo;
- quando será feito;
- onde será feito;
- quanto custará;
- como será feito.

Para tanto, é necessário que os processos contenham procedimentos documentados que descrevam como será feita a implantação.

Os processos das áreas de conhecimento privilegiadas no gerenciamento de um projeto estão agrupados conforme o ciclo de vida do gerenciamento, levando-se em conta a integração entre os processos, as interações dentro deles e os objetivos a que atendem.

São cinco os grupos de processos do gerenciamento de projetos:

- grupo de processos de iniciação;
- grupo de processos de planejamento;
- grupo de processos de execução;
- grupo de processos de monitoramento e controle;
- grupo de processos de encerramento.

Os grupos de processos não são separados ou descontínuos, nem acontecem uma única vez durante todo o projeto, sendo formados por atividades que se sobrepõem e ocorrendo em intensidade variável ao longo de cada fase do projeto. A figura 4 apresenta o relacionamento entre os grupos de processos do gerenciamento de projetos.

Figura 4

**Grupos de processos do gerenciamento de projetos**

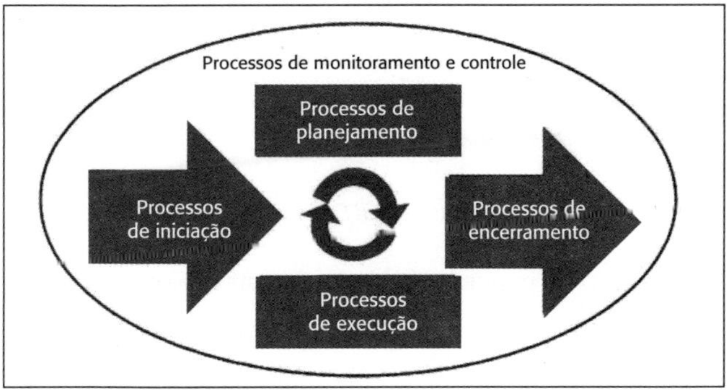


Fonte: Adaptado de PMI (2008).

Cada grupo de processo é descrito a seguir juntamente com atividades integradoras que visam identificar, definir, combinar, unificar e coordenar os diversos processos. Esses grupos de processos conectam-se pelos resultados que produzem; o resultado ou saída de um grupo torna-se entrada para outro.

### *Grupo de processos de iniciação*

O grupo de processos de iniciação define e autoriza o projeto ou uma de suas fases. Inclui desenvolver o termo de abertura do projeto, que formalmente autoriza um projeto ou uma fase e a documentação dos requisitos iniciais que satisfaçam as necessidades e expectativas das partes interessadas e da declaração do trabalho, uma descrição narrativa dos produtos, serviços ou resultados a serem fornecidos sob contrato. Tais documentos são fundamentais como entradas para identificar as pessoas ou organizações que podem ser afetadas pelo projeto, para desenvolver o plano de gerenciamento do projeto e para coletar os requisitos.

Projetos são autorizados devido a necessidades dos negócios internos ou a influências externas. A medição do valor ou atratividade de diferentes alternativas de condução do projeto normalmente foi realizada previamente ao início do projeto e está contida no *business case*, ou documento semelhante, que fornece informações necessárias do ponto de vista de um negócio, para determinar se o projeto justifica ou não o investimento.

### *Grupo de processos de planejamento*

É no grupo de processos de planejamento que encontramos a maior parte dos processos ligados ao gerenciamento do escopo. Ele define e refina os objetivos e planeja a ação necessária para alcançar os objetivos e o escopo para os quais o projeto foi realizado. O plano de gerenciamento do projeto resultante inclui as ações necessárias para definir, coordenar e integrar todos os planos auxiliares, entre eles o plano de gerenciamento do escopo do projeto.

### *Grupo de processos de execução*

O grupo de processos de execução integra pessoas e outros recursos para realizar o que foi definido no plano de gerenciamento do projeto, possibilitando que o gerente de projetos, em conjunto com a equipe de gerenciamento de projetos, oriente o desempenho das atividades planejadas para cumprir as especificações e realizar o escopo do projeto.

### *Grupo de processos de monitoramento e controle*

Medir e monitorar regularmente o progresso para identificar variações em relação ao plano de gerenciamento do projeto, de forma que possam ser tomadas ações corretivas quando preciso, a fim de atender aos objetivos do projeto. Esse é o objetivo do grupo de processos de monitoramento e controle, que está ligado à avaliação do desempenho e à comparação do desempenho real do projeto com o plano de gerenciamento do projeto.

### *Grupo de processos de encerramento*

O grupo de processos de encerramento formaliza a aceitação do produto, serviço ou resultado, coleta os registros e garante que eles reflitam as especificações finais, analisando o sucesso ou fracasso do projeto ou da fase e reunindo lições aprendidas.

## Processos específicos do gerenciamento do escopo

O gerenciamento do escopo envolve os processos necessários para garantir que os vários elementos do projeto estejam apropriadamente coordenados. Esses processos específicos fazem parte dos grupos de processos do gerenciamento do projeto. Desenvolver esses processos envolve decidir entre objetivos e alternativas que competem entre si de modo a atender ou exceder as necessidades e expectativas das partes interessadas. O trabalho do projeto deve ser integrado com as operações que estão sendo desenvolvidas pela organização.

Gerenciar o escopo envolve desenvolver os cinco processos descritos a seguir.

### *Coletar os requisitos*

É parte do grupo de processos de planejamento e envolve definir e documentar as funções e funcionalidades do projeto e do produto necessárias para atender às necessidades e às expectativas do patrocinador, do cliente e de outras partes interessadas

Os requisitos devem ser obtidos, analisados e registrados, uma vez que se transformam na fundação do escopo e influenciam o planejamento do custo, do cronograma e da qualidade do projeto.

### *Definir o escopo*

Parte do grupo de processos de planejamento, é o processo de desenvolvimento de uma descrição detalhada do projeto e do produto, considerando as informações relevantes obtidas do cliente e do ambiente externo.

O desenvolvimento de uma declaração do escopo detalhado, com base nos requisitos das partes interessadas, é a base para futuras decisões do projeto. Apesar da declaração aprovada do escopo do projeto ser fundamental, é importante notar que apenas uma descrição precisa do trabalho a ser realizado não é suficiente para o controle e acompanhamento da execução das entregas do projeto durante o dia a dia.

### *Criar a estrutura analítica do projeto*

Parte do grupo de processos de planejamento, a decomposição do escopo em componentes menores e mais facilmente gerenciáveis introduz a estrutura analítica do projeto (EAP) como ferramenta para atingir o detalhamento necessário da definição do escopo. Para tanto, é realizada a subdivisão das principais entregas do projeto e produto em componentes menores e mais facilmente gerenciáveis.

A EAP visa melhorar a definição de atividades, a precisão das estimativas de custo, duração e recursos, facilitando a atribuição de responsabilidades. Ela permitirá a precisa mensuração e acompanhamento do desempenho das atividades de execução do escopo, organizando o projeto e definindo as tarefas que devem ser realizadas na concepção, projeto, desenvolvimento, execução e outras fases dos projetos. O dicionário da EAP conterá o conteúdo detalhado dos componentes contidos em uma EAP.

Essa estrutura detalhada é a fundação sobre a qual o projeto é construído e é um dos grandes tópicos que se deve dominar visando ao adequado gerenciamento de um projeto. É necessário compreender as técnicas para desenvolvê-la e praticá-la, já que questões como "o que você faria nesta situação?" podem ser muito difíceis se você nunca completou uma EAP para um projeto real.

### *Verificar o escopo*

É parte do grupo de processos de monitoramento e controle, envolvendo a formalização da aceitação das entregas do projeto terminadas.

Um desafio de todo gerente de projetos é controlar o aumento do escopo do projeto durante sua execução. Para tanto, é necessário desenvolver uma coleção de procedimentos formais, registrados, que definam os passos pelos quais documentos oficiais do projeto podem ser alterados. Tais procedimentos constituem um sistema de controle de mudanças do escopo, incluindo os documentos, sistemas de acompanhamento e níveis de aprovação necessários para autorizar mudanças, além de procedimentos para lidar com mudanças que devem ser aprovadas sem revisão, em caráter emergencial.

Esse sistema deve estar alinhado com o procedimento utilizado para fornecer orientações técnicas e administrativas a fim de identificar e registrar as características de um documento, item ou sistema. Tal procedimento, chamado gerência de configuração, visa controlar mudanças nessas características, documentar e reportar a mudança e a posição de sua implementação e auditar os itens para verificar conformidade com os requisitos.

*Controlar o escopo*

Parte do grupo de processos de monitoramento e controle, coloca em prática um mecanismo de controle das mudanças no escopo do projeto. O término do escopo do projeto é medido em relação ao plano de gerenciamento do projeto, que contém a linha de base do escopo e os requisitos.

Esses processos do gerenciamento do escopo interagem entre si e também com processos de outras áreas de conhecimento para que o resultado do trabalho do projeto seja a entrega do escopo especificado. Cada processo pode envolver o esforço de uma ou mais pessoas ou de grupos de pessoas, com base nas necessidades do projeto, e ocorre pelo menos uma vez em todos os projetos e também em uma ou mais fases do projeto, se ele estiver dividido em fases.

Os processos de gerenciamento do escopo do projeto e suas ferramentas e técnicas associadas variam por área de aplicação e são normalmente definidos como parte do ciclo de vida do projeto. Embora não seja um processo distinto, o trabalho envolvido na execução dos cinco processos de gerenciamento do escopo do projeto é precedido por um esforço de planejamento feito pela equipe de gerenciamento do projeto, documentado no plano de gerenciamento do escopo do projeto, um dos planos auxiliares no plano de gerenciamento do projeto.[6]

## Plano de gerenciamento do escopo do projeto

Ao levarmos em consideração que o objetivo fundamental do esforço de planejamento deve ser o de prover

[6] Na 4ª edição do *PMBOK*®, lançada em dezembro de 2008, o processo de planejamento de escopo foi retirado. O plano de gerenciamento de escopo, sua principal saída, passou a ser um componente subsidiário do plano de gerenciamento do projeto, por sua vez concebido no âmbito da área de conhecimento de integração, especificamente como resultado do processo de desenvolvimento do plano de gerenciamento do projeto.

uma orientação consistente e realista a respeito do que deve ser gerado pelo projeto e de como isso deve ser executado e controlado, os benefícios de um adequado planejamento do escopo ganham contornos decisivos, já que qualquer projeto embute um determinado nível de incerteza. A própria definição formal de projeto nos lembra que a solução gerada será, em alguma extensão, única, demandando, portanto, atenção singular e específica para seu planejamento. Em contrapartida, tal determinação de planejar disciplinadamente o escopo é constantemente desafiada pelo contexto de negócios das organizações. Esse ambiente, pleno de oportunidades e desafios estratégicos, operacionais e técnicos, ao mesmo tempo que restringe, passa a exigir dedicação à aplicação efetiva das boas práticas em gerenciamento de projetos, como um mecanismo eficaz de geração de soluções "no escopo estabelecido, dentro do prazo e do orçamento contratados e de acordo com os níveis de qualidade acordados".

Portanto, um bom plano de gerenciamento de escopo deve conter diretrizes sobre como o escopo do projeto será definido, documentado, verificado, gerenciado e controlado, incluindo regras e referências para a construção e manutenção da *linha de base do escopo*, refinada progressivamente ao longo de todo o projeto e composta pela declaração de escopo, *EAP e dicionário da EAP* (PMI, 2008):[7]

- roteiro de preparação de uma declaração detalhada do escopo de projeto, bem como o tratamento de suas mudanças (mencionado no capítulo 3);
- procedimentos para construção da estrutura analítica de projeto (EAP) com as respectivas regras para sua aprovação e manutenção ao longo do projeto (mencionados no capítulo 4);

[7] Detalhados, respectivamente, nos capítulos 3 e 4.

- regras sobre a aceitação formal dos entregáveis, em um formulário padrão, por exemplo (mencionadas nos capítulos 5 e 6);
- procedimentos para gerenciamento de mudanças documentando como as mudanças serão monitoradas e controladas.

É fundamental manter em perspectiva que o nível de detalhamento deste plano deve corresponder às demandas típicas do porte do projeto,[8] de tal forma que os benefícios de produzir e manter o plano de gerenciamento do escopo superem os seus "custos", conforme demonstrado esquematicamente na figura 5.

Figura 5
**Alguns benefícios e custos associados ao planejamento do escopo**

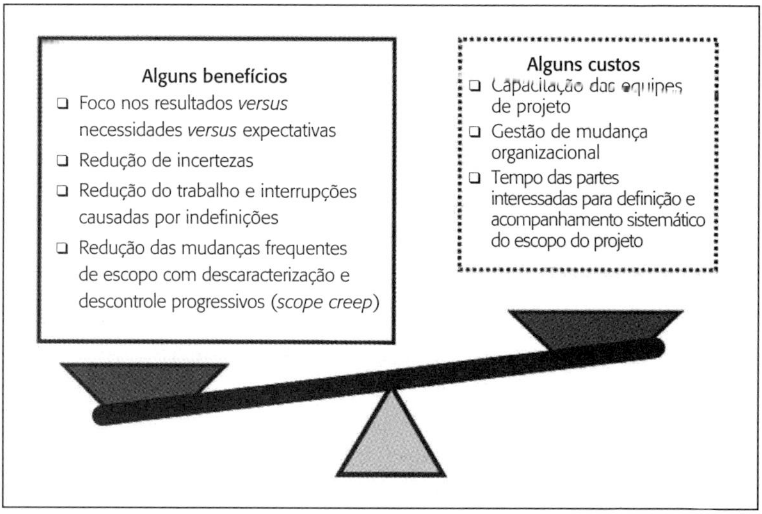


[8] Essa classificação deve ser aderente à realidade do projeto, e gerada a partir de uma combinação equilibrada entre diversas características e restrições do projeto que competem entre si por recursos, tais como impacto para a organização, complexidade, ineditismo, riscos envolvidos, tempo (prazo), habilidades e quantidade dos profissionais e recursos disponíveis e necessários.

O plano de gerenciamento do escopo, em geral, inclui uma avaliação da estabilidade esperada do escopo do projeto (a probabilidade de mudar, a frequência e quanto), documentando como o escopo do projeto vai ser gerenciado e como as modificações no escopo serão integradas no projeto. Descrever como as mudanças no escopo vão ser identificadas e classificadas é particularmente difícil, porém absolutamente essencial quando as características do produto ainda estão sendo elaboradas.

O sucesso do gerenciamento do projeto está ligado a cumprir o plano de gerenciamento do escopo. Muitas vezes, o cliente ou outros interessados sugerem alterações que não são contempladas no plano e, assim, o projeto produz resultados além daqueles planejados, o que é conhecido pela expressão *goldplating*.

## Goldplating

Deve-se dar ao cliente exatamente o especificado, nem mais nem menos. A expressão *goldplating* (banhar a ouro) refere-se a fornecer escopo adicional, não solicitado, ao cliente, o que pode ser uma perda de tempo e não ter benefício para o projeto, uma vez que não se garante estar fornecendo um produto melhor e sim diferente do planejado, com todos os riscos de aumento de custo, prazo e perda de qualidade. É baixo o percentual de projetos bem-sucedidos, logo a equipe do projeto deve concentrar-se em completar o escopo do trabalho.

Neste capítulo vimos a importância do gerenciamento do escopo como parte do conjunto de conhecimentos necessários para se gerenciar um projeto. Infelizmente, a maioria dos projetos falha e entre as principais causas disso está a falta de planejamento. Concluímos, então, que o desenvolvimento de um plano de gerenciamento do projeto, a determinação das expectativas explícitas e implícitas das partes interessadas e a correta definição e decomposição do escopo são fundamentais para incrementar as possibilidades de sucesso do projeto.

No capítulo a seguir veremos que o sucesso do projeto é diretamente influenciado pela atenção na captura e gerenciamento dos requisitos do projeto e do produto. Também veremos um documento que não deixa dúvidas para a organização sobre quem é o responsável por conduzir o projeto e qual seu objetivo: o termo de abertura.

# 2

# Coletar os requisitos

Neste capítulo é descrito o processo de definir e documentar as funções e funcionalidades do projeto e do produto necessárias para atender às necessidades e expectativas das partes interessadas. Além disso, apresentaremos o termo de abertura do projeto, o qual fornece os requisitos e a descrição do produto em alto nível para que os requisitos detalhados do produto possam ser desenvolvidos.

Será, porém, que todos os requisitos necessários ao desenvolvimento do projeto estão contidos no termo de abertura? Provavelmente não. É por isso que, neste capítulo, vamos utilizar o registro das partes interessadas[9] para identificar e avaliar as partes que podem fornecer informações detalhadas sobre requisitos do projeto e do produto. Os requisitos incluem as necessidades quantificadas e documentadas e as expectativas das partes identificadas na avaliação das partes interessadas.

Os requisitos precisam ser obtidos, analisados e registrados com detalhes suficientes para ser medidos, devendo ser investigá-

---

[9] O registro das partes interessadas é descrito em detalhes no capítulo 10 do *PMBOK*®, Gerenciamento das comunicações do projeto (PMI, 2008).

veis, não ambíguos (mensuráveis e passíveis de testes), completos, consistentes e aceitáveis para as principais partes interessadas.

Em gerenciamento de projetos, há basicamente dois tipos de requisitos:

- requisitos do projeto — de negócios, de gerenciamento do projeto, de entrega etc.;
- requisitos do produto — técnicos, de segurança, de desempenho etc.

O levantamento de dados é fundamental para identificar as necessidades que servirão de base para mapear os requisitos do projeto. O sucesso do projeto é diretamente influenciado pela atenção na captura e gerenciamento dos requisitos do projeto e do produto. Os requisitos incluem as necessidades quantificadas e documentadas e as expectativas do patrocinador, cliente e outras partes interessadas. Os requisitos específicos do patrocinador em geral são apresentados no termo de abertura do projeto, descrito a seguir.

## Termo de abertura do projeto

É um documento interno da organização que autoriza formalmente o início de um projeto.[10] Serve de referência também para a decisão a respeito de seu prosseguimento, ao longo de todo o ciclo de vida. É um documento essencial, em particular nos estágios iniciais do projeto, pois consolida informações-chave para suporte à decisão sob níveis mais elevados de incerteza que caracterizam o início dos projetos.

Segundo Kerzner (2009), o conceito original do termo de abertura do projeto, restrito à indicação do gerente e suas

[10] A maioria das empresas só inicia um projeto após a assinatura de um contrato ou documento equivalente, como uma carta de intenções. Nesse caso, o contrato pode servir, embora com ressalvas, uma vez que não é um documento interno, não permitindo a colocação de detalhes que só interessem à empresa contratada, como documento de autorização do projeto. Assim, o ideal é que o termo de abertura seja emitido tendo em anexo, ou como referência, o contrato correspondente.

respectivas autoridade e responsabilidade no projeto, evoluiu, transformando-o numa espécie de contrato entre as partes interessadas (mudanças relevantes na essência desse documento, como, por exemplo, na justificativa de negócios ou nos requisitos funcionais, devem disparar uma nova rodada de validação entre as partes interessadas). Essa função ampliada implica que esse documento seja aprovado por alguém com autoridade suficiente para respaldar o gerente do projeto (o patrocinador, na figura de um diretor executivo ou até mesmo de um vice-presidente). Mesmo não assinando o termo de abertura, o gerente deve participar da sua confecção, tarefa normalmente sob responsabilidade final do patrocinador do projeto e até do PMO (*project management office* ou escritório de projetos), caso ele exista na organização.

Algumas empresas incentivam o detalhamento do termo abertura, permitindo o investimento do tempo de seus profissionais em sua confecção com o intuito de qualificar a avaliação da viabilidade do projeto e melhorar o subsequente detalhamento do seu planejamento. A ideia subjacente é a de que "fazer o projeto certo" é ainda melhor do que a de "fazer certo o projeto", na busca por conciliar ambas. De qualquer forma, seja detalhadamente ou de maneira mais simplificada (até mesmo por meio de um simples e-mail da diretoria, comunicando a assinatura de um contrato), é possível que o termo de abertura contenha ou faça referência a outros documentos que contemplem as seguintes informações, além da designação do gerente de projeto e de seu nível de autoridade:

- o propósito ou justificativas de negócio que o projeto está incumbido de atender;
- os objetivos e metas do projeto com critérios quantificáveis;
- a descrição da solução desejada, com os principais requisitos;
- riscos de alto nível;
- alguns marcos-chave do projeto relacionados, principalmente mas não exclusivamente, ao tempo, aos custos e aos riscos;

- requisitos para aprovação do projeto (o que constitui o sucesso do projeto, quem decide se o projeto é bem-sucedido, e quem assina o projeto).

O quadro 3 apresenta um exemplo de modelo de termo de abertura de projeto, contendo alguns dos componentes mencionados.

Quadro 3

**EXEMPLO DE TERMO DE ABERTURA**

| **Designação** | | |
|---|---|---|
| [Nome do GP] designado como gerente de projeto do [nome do projeto]. | | |
| **Responsabilidades** | | |
| Descrever as responsabilidades do gerente do projeto. | | |
| **Autoridade** | | |
| Descrever a autoridade do gerente do projeto. | | |
| **Propósito ou justificativa do projeto** | | |
| O problema ou a oportunidade (necessidade) que justifica o desenvolvimento do projeto. | | |
| **Requisitos de alto nível** | | |
| Condições ou capacidades que devem ser atendidas. | | |
| **Projeto** | | |
| **Objetivos:** a contribuição ou auxílio que o projeto visa trazer para a solução do problema, ou benefício que o projeto visa gerar, em termos qualitativos. **Metas (critérios de sucesso):** especifique as metas e seus indicadores de forma realista e quantificada (serão auditados no encerramento do projeto), inclusive em termos de prazos e financeiras. **Descrição:** especifique em alto nível produtos e/ou serviços a serem gerados pelo projeto. | | |
| **Riscos (opcional)** | | |
| Identifique e avalie, preliminarmente, os riscos envolvidos e possíveis impactos organizacionais do projeto. | | |
| **Prazo** | **Investimento** | |
| Forneça o prazo em dias e a data final do projeto. | Informe o investimento necessário no projeto. | |

| **Principais fases** | **Datas** | **Custos** |
|---|---|---|
| Relacione as principais fases/marcos requeridos, de forma que possamos avaliar as datas mais críticas. | Estime as datas de término de cada fase. | Estime os custos de cada fase. |
| **Comentários:** considerações adicionais podem ser registradas e anexadas aqui. | | |
| **Aprovado por:** indique quem decidiu e aprovou. | | |

O propósito ou as *justificativas de negócios* estão, normalmente, associados a uma requisição do cliente (interno ou externo à organização), ou a uma combinação de necessidades como demanda potencial de mercado, exploração de novas tecnologias ou imposições de ordem regulatória, técnica, social ou fiscal. Essa declaração deve ser capaz de responder a questões recorrentes tipicamente nos marcos de início e fim de cada etapa: por que o projeto foi autorizado? Esses motivos continuam válidos? Quais são os resultados de negócio esperados com a entrega da solução gerada pelo projeto?

Os *objetivos*, como mencionamos, devem ser descritos na forma Smart (o mesmo se aplica ao relato das justificativas e benefícios do projeto). É importante frisar que o objetivo imediato é a função que o produto cumpre, sua razão de ser ou propósito. Por exemplo, o desenvolvimento de um novo motor tem como *objetivo imediato* a substituição dos atuais; a realização de um festival beneficente tem como *objetivo imediato* angariar fundos, e assim por diante. Há, além dessa, uma outra dimensão, o chamado *objetivo final*, que corresponde à utilidade do objetivo imediato (Maximiano, 2002:57):[11] a substituição dos motores permite o atendimento da legislação e a permanência da empresa no mercado; os fundos angariados permitem a sobrevivência da instituição que os recebe. Por certo, o prezado leitor tem ciência de que, dificilmente, todos os objetivos podem ser satisfeitos integral e simultaneamente. Aliás, o desafio central do gerenciamento de projetos reside na

[11] O autor destaca ainda que "a distinção entre esses diferentes níveis de objetivos é uma exigência em determinadas metodologias de administração de projetos, especialmente nas que são utilizadas pelas agências de desenvolvimento, como o Pnud e o Banco Mundial. Embora essa exigência não seja costumeira em outros ambientes, trata-se de uma forma estratégica de abordar o encadeamento dos objetivos de um projeto".

necessidade de priorizá-los e balanceá-los, gerindo os recursos, tipicamente escassos e, portanto, críticos, de forma a produzir o resultado final conforme contratado. Dessa forma, quanto maior a precisão e o consenso entre as partes interessadas a respeito dos objetivos, maior será a probabilidade da definição de um bom escopo, melhor a equalização das expectativas das partes interessadas e, por extensão, do sucesso do projeto.

A *descrição da solução* desejada com os principais requisitos deve contemplar todas as dimensões possíveis do que o projeto objetiva entregar, com suas respectivas características ou "condições e capacidades que devem ser encontradas ou possuídas pelos entregáveis do projeto para satisfazer cláusulas contratuais, padrões, especificações técnicas ou outras definições" (PMI, 2008:105). Podem ser incorporadas também recomendações sobre a abordagem de implementação do projeto, tais como alternativas de métodos construtivos ou terceirização da execução. Estudos sobre a viabilidade do projeto e da solução buscada através dele (na forma de cálculos de retorno sobre o investimento, por exemplo) podem complementar essas informações.

## Avaliação das partes interessadas

Todas as pessoas ou organizações que podem afetar ou ser afetadas pelo projeto devem ser identificadas, com as respectivas responsabilidades, em particular aqueles com envolvimento direto na alocação de recursos (patrocinador e gerentes funcionais), no recebimento das principais entregas (cliente) e na própria condução dos trabalhos (equipe de projeto). Informações relevantes relacionadas aos seus interesses, envolvimento e impacto no sucesso do projeto devem ser documentadas.

A equipe do projeto deve detalhar e validar progressivamente a lista das partes interessadas no projeto ao longo do ciclo de vida do projeto, especialmente no estágio de planejamento. Será necessário segmentar e decompor vários desses grupos para interagir de forma mais eficiente com seus participantes. O objetivo é identificar as partes interessadas, avaliar sua influência e os seus interesses no projeto, documentar suas necessidades, desejos e expectativas e orientar ações e respostas visando à ampliação de sua cooperação para o sucesso do projeto. Além disso, a equipe terá que lidar com acréscimos e reduções da lista inicial provocados por saídas de membros da equipe, substituição de fornecedores, entre outros. Os esforços no âmbito do gerenciamento da comunicação e dos recursos humanos do projeto estão intensamente conectados a essa análise, com destaque para a definição dos papéis e responsabilidades, com respectivas habilidades demandadas e a definição da sistemática de comunicação do projeto.

Os processos básicos dessa técnica compreendem as etapas de identificação, a classificação e a avaliação das partes interessadas, descritos a seguir:

### *Etapa 1 — identificar as partes interessadas*

A identificação de outras partes interessadas é feita entrevistando as já identificadas, buscando levantar:

- partes interessadas potenciais;
- papéis;
- departamentos;
- interesses;

- níveis de conhecimento;
- expectativas;
- níveis de influência.

Manter atualizado um rol das partes interessadas no projeto é pré-requisito para a sua análise, uma atividade permanente baseada na cooperação direta do gerente e de tantos envolvidos no projeto quanto possível. A segmentação ou categorização[12] das partes interessadas no projeto facilita a focalização e a customização da comunicação com grupos específicos de forma compatível com seu envolvimento, influência e pontos de interesse. Ao mesmo tempo, valida e refina essas características (por exemplo, conteúdo, forma e frequência do reporte de desempenho do projeto para o segmento "público externo e participante"). Ao executar ações mais específicas para cada segmento, ao invés de tentar fazê-lo para cada parte interessada individualmente, reduz-se a ameaça dos *gaps* de comunicação e melhora-se o foco dos esforços da equipe na identificação e na avaliação das partes interessadas.

Além disso, às vezes é realmente difícil identificar participantes que estejam em atividades de apoio ao projeto, especialmente por isso é importante descobri-los logo de início (estágio de planejamento). Negligenciar seus interesses pode trazer surpresas e resultados desagradáveis, como compreensão inadequada por parte do interessado quanto aos benefícios do projeto para si ou para sua área, que podem gerar desinteresse em participar na validação das entregas. O quadro 4 apresenta exemplos de segmentação das partes interessadas.

---

[12] Trata-se de uma abordagem genérica, a relação completa e a segmentação devem representar da melhor forma possível o grupo de interessados de acordo com a realidade do projeto.

## Quadro 4
### Exemplos de segmentação das partes interessadas

<table>
<tr>
<td>Clientes, patrocinadores e gerentes do projeto: tomadores de decisão com autoridade para determinar a condução dos trabalhos.</td>
<td>Público interno — os recursos primários do projeto responsáveis pela sua condução ou que a impactam diretamente, tais como:<br>❑ membros da equipe;<br>❑ fornecedores alocados em tempo integral;<br>❑ gerentes funcionais e pessoal de linha de áreas;<br>❑ consultores, especialistas, conselheiros, pessoal administrativo e de apoio, entre outros.</td>
<td>Público externo e participante — os que não são recursos primários do projeto mas são impactados diretamente em função de interesses mais seletivos e bem identificados:<br>❑ financiadores de um modo geral;<br>❑ fornecedores alocados part-time;<br>❑ gerentes de projetos associados;<br>❑ órgãos governamentais regulatórios ou de fiscalização;<br>❑ alfândega, demais gerentes funcionais e pessoal de linha de áreas que se relacionam pontualmente com o projeto.</td>
<td>Público externo e periférico — os que não são recursos primários do projeto e são impactados indiretamente pelos resultados do projeto, como:<br>❑ representantes do público em geral;<br>❑ instâncias do governo;<br>❑ residentes locais;<br>❑ ambientalistas;<br>❑ órgãos de consultoria ou bem-estar social;<br>❑ companhias de transporte e comunicações;<br>❑ sociólogos;<br>❑ interesses industriais ou comerciais genéricos;<br>❑ sindicatos de trabalhadores ou organizações patronais;<br>❑ grupos étnicos ou nacionalistas;<br>❑ forças de segurança, defesa ou agências reguladoras, entre outras.</td>
</tr>
</table>

Fonte: Adaptado de Keeling (2002).

Complementarmente, Maximiano (2002) destaca a conveniência de segmentar também os clientes do projeto em:

- clientes que usam e pagam (encomendam e utilizam diretamente) — o empresário que encomenda uma revisão na estrutura organizacional de sua empresa ou a família que encomenda uma casa ao arquiteto;
- clientes que usam e não pagam (não encomendam mas utilizam) — os funcionários que utilizam ou operam o produto final do projeto, os beneficiários de projetos patrocinados por órgãos de financiamento ou fundações filantrópicas;
- clientes que não usam e pagam (encomendam mas não utilizam diretamente) — os patrocinadores de projetos filantrópicos ou os diretores de uma empresa que encomendam projetos de novos produtos à sua divisão de engenharia para abastecimento exclusivo do mercado externo.

Tais exemplos não devem ser encarados como regras, apenas referências — deve prevalecer a divisão que melhor beneficiar o projeto e suas partes interessadas. Além disso, as partes interessadas podem mudar de categoria ao longo do projeto, bem como pertencer a mais de uma delas simultaneamente (por exemplo, em relação a um fornecedor específico, alguns deles podem estar alocados integralmente — regime *full-time* — enquanto outros estarão em regime *part-time*).[13]

O esclarecimento preciso das expectativas das partes interessadas se baseia em perguntas pertinentes reiteradas especialmente ao longo do estágio de planejamento do projeto e devem girar em torno dos resultados do projeto (Maximiano, 2002). Elas servirão, também, para validar e refinar as definições do

[13] Detalhes relacionados à gestão dos fornecedores podem ser obtidos em Xavier et al. (2010).

escopo e devem ser combinadas com as técnicas de análise do produto e identificação de alternativas, mencionadas anteriormente, para otimização de seus benefícios.

Qual deverá ser a situação ao final do projeto? O que se pretende alcançar? Por qual motivo esse objetivo deve ser alcançado? A que necessidades específicas esse objetivo deve atender? Qual problema deve resolver? Qual oportunidade deve aproveitar?

O registro das partes interessadas contém todos os detalhes relativos às partes identificadas, podendo ser realizado na forma de planilha ou de ficha, como no exemplo apresentado no quadro 5.

Quadro 5

**EXEMPLO DE REGISTRO DAS PARTES INTERESSADAS NA FORMA DE FICHA**

<table>
<tr><td>Nome</td><td colspan="2">Cargo</td></tr>
<tr><td>Papel no projeto</td><td colspan="2">Local</td></tr>
<tr><td>Requisitos/Expectativas</td><td colspan="2">Informações de contato</td></tr>
<tr><td>Influência</td><td colspan="2">Fase de interesse</td></tr>
<tr><td colspan="3">Classificação</td></tr>
<tr><td>( ) Interna</td><td colspan="2">( ) Externa</td></tr>
<tr><td>( ) Apoiadora</td><td>( ) Neutra</td><td>( ) Resistente</td></tr>
</table>

### *Etapa 2 — determinar o impacto ou apoio e classificá-los a fim de definir uma estratégia de abordagem*

Segundo o PMI (2008), alguns modelos de classificação que podem ser utilizados são:

- grau de poder × interesse;
- grau de poder × influência;

❏ grau de influência × impacto;
❏ importância relativa (poder × urgência × legitimidade).

A figura 6 apresenta um exemplo de classificação que utiliza uma grade de grau de poder/interesse em que A até F representam partes interessadas genéricas.

Figura 6
**Exemplo de grade de poder/interesse com as partes interessadas**

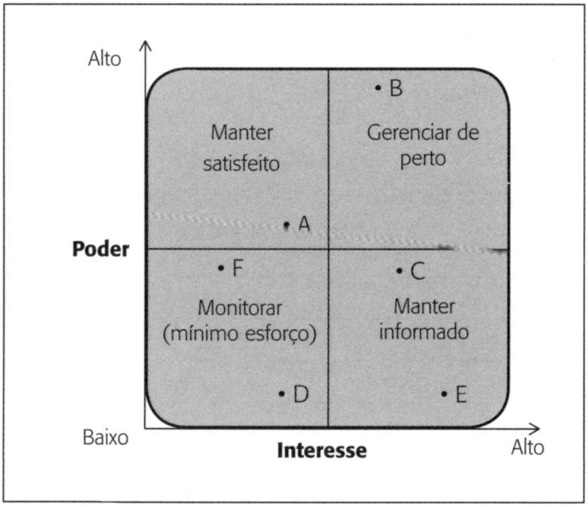


Fonte: Adaptado de PMI (2008).

A análise sistemática das partes interessadas deve contribuir de forma decisiva para ações executadas ou comandadas pela equipe de projeto visando atrair as partes interessadas “neutras”, as menos envolvidas ou até as antagônicas em relação ao projeto; e reforçar o compromisso daqueles que já apoiam efetivamente o projeto.

O gerente e a equipe do projeto, com o apoio do patrocinador, devem avaliar o envolvimento e a influência de cada parte interessada, no mínimo do segmento ou categoria a que pertencem, como vimos no processo de identificação; seu foco de interesse; e as respostas e ações compatíveis ao adequado relacionamento e comunicação:[14]

- envolvimento efetivo — avaliação do quanto a parte interessada se mostra efetivamente envolvida com a consecução dos objetivos do projeto, traduzindo-o, por exemplo, numa escala de quatro pontos[15] — baixo, ou não envolvido (–2); baixo-médio, ou deixa fazer (–1); médio-alto ou ajuda a fazer (1); e alto ou faz acontecer (2);
- influência efetiva — avaliação do quanto a parte interessada pode efetivamente interferir no andamento do projeto, além da interferência dos participantes com autoridade formal (patrocinadores, proprietários e gerente do projeto). Lembre-se da influência de grupos que, mesmo com pouco poder de decisão, têm capacidade de mobilização de outros envolvidos (opinião pública), como pequenas associações de moradores da região onde uma nova fábrica será construída. Como o envolvimento, esse atributo também pode ser traduzido numa escala de quatro pontos: baixa (–2); baixa-média (–1); média-alta (1); alta (2);
- foco de interesse ou expectativa — como resultados previstos para o projeto podem impactar o interesse do *stakeholder* no projeto, no presente ou no futuro, positiva ou negativamente. Os focos de interesse são fontes potenciais de definição dos requisitos dos entregáveis do projeto, além de elementos de atração (*hot buttons*) para melhoria dos níveis de influência

[14] Frisamos que a avaliação dos *stakeholders* também engloba o estabelecimento e revisão de seus respectivos papéis e responsabilidades no projeto; entretanto, tais ações e correspondentes técnicas pertencem, segundo a sistematização do *PMBOK*®, ao âmbito do gerenciamento dos recursos humanos do projeto, área de conhecimento explorada no livro *Gerenciamento de comunicações em projetos* (Vargas, 2006).

[15] Recomenda-se evitar a criação de escalas com três pontos (baixo, médio, alto), pois a tendência natural é atribuir valores médios à condição avaliada. Evidentemente, os valores e a própria segmentação sugerida podem variar em função do projeto.

e envolvimento efetivos das partes interessadas. Podem ser segmentados em:[16]

- pecuniário — redução de custos ou incremento de vendas, entre outros resultados, podem impactar a receita da área de atuação ou a remuneração da parte interessada;
- *status* — resultados como modificações na estrutura organizacional ou implementação de solução de gerenciamento do conhecimento podem impactar o poder de referência [17] ou a própria autoimagem da parte interessada;
- crescimento — abertura de uma nova unidade de negócios ou criação de um currículo interno de treinamento podem impactar a perspectiva de crescimento pessoal e profissional da parte interessada na organização;
- segurança — redução de níveis funcionais, automação de processos de atendimento, construção de um aeroporto nas vizinhanças podem impactar a percepçao de segurança física ou profissional da parte interessada;
- respostas e ações correspondentes — ações a serem empreendidas pela equipe para aumentar os índices de envolvimento e influência, prioritariamente os mais baixos.

A adoção de escalas numéricas para aferição do envolvimento e da influência efetiva facilita a priorização de ações por parte da equipe de projeto: quanto menor o resultado da soma dos valores atribuídos, mais crítica a necessidade de comunicação e reforço de relacionamento com a parte interessada, visando aumentar seu envolvimento, influência ou ambos. Resultados

---

[16] Invariavelmente, as partes interessadas têm múltiplos focos de interesse, e a equipe também pode optar por atribuir pesos e prioridades a cada um deles.

[17] Segundo Kerzner (2009), o poder de referência está associado à habilidade de alguém obter suporte baseado na própria capacidade de atração pessoal, influenciada por fatores tais como: transmitir confiança no trato com as pessoas; transmitir "imagem de vencedor" e carisma, que poderá beneficiar os mais próximos; associar com um tipo de produto ou serviço de sucesso na empresa; fornecer favores pessoais.

elevados são bem-vindos, mas recomendamos cautela: reveja-os cuidadosa e periodicamente, e jamais negligencie o contato com a parte interessada, pois o ânimo dela para apoiar o projeto também pode arrefecer. O(s) foco(s) de interesse deve(m) servir como elementos de atração, destacado(s) na relação de objetivos e benefícios do projeto, para motivar o aumento do envolvimento, da influência ou de ambos. Esse(s) foco(s) também será(ão) valioso(s) no apoio à definição e aferição dos requisitos dos entregáveis do projeto.

### *Etapa 3 — avaliar e gerenciar*

Avaliar como as principais partes interessadas provavelmente vão reagir ou responder em várias situações, planejando como influenciá-las para aumentar seu apoio e mitigar os potenciais impactos negativos.

As ações da equipe com as partes interessadas baseiam-se em esforços de comunicação, tais como:[18]

- reuniões, individuais ou em grupos, para especificar e rever os objetivos e benefícios do projeto, articulando-os com a estratégia da empresa, e destacando os focos de interesse das partes interessadas;
- reforço da capacitação necessária das partes interessadas por meio de treinamento e seminários, com revisão dos pontos-chave de aprendizagem;
- apresentação da contribuição efetiva da parte interessada ao projeto, correlacionando-a aos benefícios gerais e específicos previstos no projeto;
- "calibragem" do conteúdo ou da frequência dos relatórios de reporte endereçados a determinadas partes interessadas,

[18] Chaves et al. (2010) descrevem ações e técnicas de comunicação envolvendo, por exemplo, negociação, gestão de conflitos, condução de reuniões, entre outros.

bem como a revisão de funcionalidades da intranet, onde são divulgados os resultados do projeto.

## Técnicas para coletar os requisitos

O objetivo é reunir-se com as principais partes interessadas e conquistá-las como coautores do projeto e não como meros participantes. Em função das características do levantamento deve-se escolher a técnica mais adequada à situação. As técnicas mais utilizadas são: entrevista, questionário, reunião, *brainstorming* e observação direta. As técnicas *joint application design* (JAD) e de dinâmica de grupo (*workshops*) também são utilizadas, porém requerem mais infraestrutura, planejamento, criatividade e observação.

Fournier (1994) recomenda alguns procedimentos gerais que independem da técnica adotada para a coleta dos requisitos. A seguir, citamos algumas.

Antes:

- identificar as áreas envolvidas, explicar a finalidade e obter a aprovação das gerências apropriadas para o trabalho;
- obter nome e função das pessoas-chave que participarão da coleta. Confirmar e solicitar concordância quanto a papéis, responsabilidades e disponibilidades previstas.

Durante:

- familiarizar-se com o local de trabalho que está em estudo;
- coletar amostras de documentos e procedimentos escritos;
- acumular informações estatísticas a respeito das tarefas — frequência em que ocorrem, estimativas de volume, tempo de duração para cada tarefa e assim por diante;
- enquanto interage com as partes interessadas, tentar ser objetivo e não comentar as formas de trabalho de maneira não construtiva;

- além das operações normais de negócio, identificar também as exceções;
- tão logo o levantamento tenha terminado, agradecer às pessoas pelo apoio.

Após:

- documentar os requisitos e consolidar os resultados;
- caso seja necessário, contactar os próprios informantes para esclarecer dúvidas;
- rever os resultados consolidados com os próprios informantes e/ou com seus superiores;
- atribuir uma prioridade para cada requisito identificado.

A seguir analisaremos diversas técnicas para coletar requisitos.

### *Entrevistas*

A entrevista é o método mais utilizado para coletar requisitos. Elas são feitas em reuniões para elucidar dúvidas e levantar problemas. Essa técnica é utilizada quando a equipe não conhece os problemas do cliente ou da organização. Participam especialistas (internos/externos), a equipe do projeto e o gerente, sendo necessário que se faça uma preparação prévia da mesma.

Antes da entrevista:

- algumas questões que devem ser consideradas são: onde se quer chegar, o que se deseja saber, o que se aceita saber (mínimo necessário), quem será o usuário entrevistado, que perguntas serão feitas, em que sequência e quando terminar;
- deve-se preparar, e divulgar com antecedência, a agenda/pauta da entrevista (reunião). Dessa forma, o entrevistado pode se preparar e buscar informações/documentos que sejam necessários;

- marcar a entrevista/reunião em um horário que seja conveniente para o entrevistado;
- sempre que possível, escolher um local sossegado, que elimine distrações em potencial.

Durante a entrevista:

- lembrar que pode haver resistência a mudanças e que seu trabalho pode ser considerado uma ameaça pelo entrevistado;
- fazer perguntas;
- ouvir;
- explanar, isto é, responder às perguntas do usuário;
- observar gestos e expressões;
- tomar notas;
- não ser tendencioso;
- determinar quem ficará responsável por cada atividade a ser realizada e o respectivo prazo de conclusão.

Após a entrevista:

- documentar os resultados da entrevista e distribuí-los aos participantes imediatamente.

### *Brainstorming*

*Brainstorming* (também conhecido como "tempestade de ideias") é uma técnica bastante popular que tem o objetivo de produzir um grande número de ideias criativas tão amplas, ímpares e estranhas quanto possível. É intencionalmente não limitadora e projetada para deixar a mente criativa fluir livremente, sem medo da crítica. O foco recai sobre a quantidade de ideias.

Escolha um lugar para a reunião que seja do tamanho exato para acomodar a equipe e crie uma atmosfera relaxada.

Segundo Barra (1993), a qualidade e a quantidade de ideias produzidas podem aumentar significativamente quando se permite uma incubação de ideias, ou bem antes ou entre as sessões de *brainstorming*. Por exemplo, pode-se instaurar a incubação, dividindo-se o *brainstorming* em duas partes e anunciando-o com antecedência, na pauta de uma reunião.

O *brainstorming* pode ser feito de maneira estruturada ou não estruturada.

No *brainstorming* estruturado todos os integrantes fornecem suas ideias acerca dos requisitos, quando chegar a sua vez na rodada. Isso evita a preponderância dos integrantes mais falantes, dá a todos uma oportunidade igual para contribuir com ideias e promove o envolvimento igual para contribuir com ideias e um envolvimento maior de todos os integrantes, mesmo os tímidos. O *brainstorming* termina quando nenhum dos integrantes tem mais ideias e todos passam a vez em uma mesma rodada.

No *brainstorming* não estruturado, qualquer integrante lança ideias à medida que vão surgindo. Tende-se a criar uma atmosfera mais relaxada, mas também há o risco de os integrantes mais falantes dominarem o ambiente. Torna-se mais fácil para certos integrantes aproveitar as ideias dos outros. O *brainstorming* não estruturado é mais eficaz na descoberta de novos requisitos, nos casos em que a maioria dos fatos/dados parta de apenas alguns integrantes. Essa técnica termina quando nenhum integrante tem mais ideias e todos concordam em parar.

Em ambos os métodos de *brainstorming*, as regras são as mesmas. A linha-mestre para uma sessão eficaz é:

- garantir que todos compreendam o objetivo do *brainstorming*, antes de iniciá-lo;
- proporcionar alguns minutos de silêncio para que os integrantes pensem e escrevam algumas ideias que lhes venham à mente;

- decidir que método de *brainstorming* usar, antes de iniciar. O *brainstorming*, em geral, começa de maneira estruturada e, então, muda para uma forma não estruturada quando a maioria dos integrantes não tem mais ideias;
- anotar um requisito de cada vez, exatamente como foi anunciado pelo integrante. Não interpretar;
- prosseguir, com base na ideia dos outros e tentar criar ideias mais livres, novas e desembaraçadas;
- não discutir, questionar ou criticar as ideias alheias, apenas registrá-las. A discussão deve começar depois que o *brainstorming* acabar.

A figura 7 descreve os procedimentos de implantação do *brainstorming* propostos por Marshall Junior e colaboradores (2003).

Figura 7

**PROCEDIMENTOS DE IMPLEMENTAÇÃO DO *BRAINSTORMING***

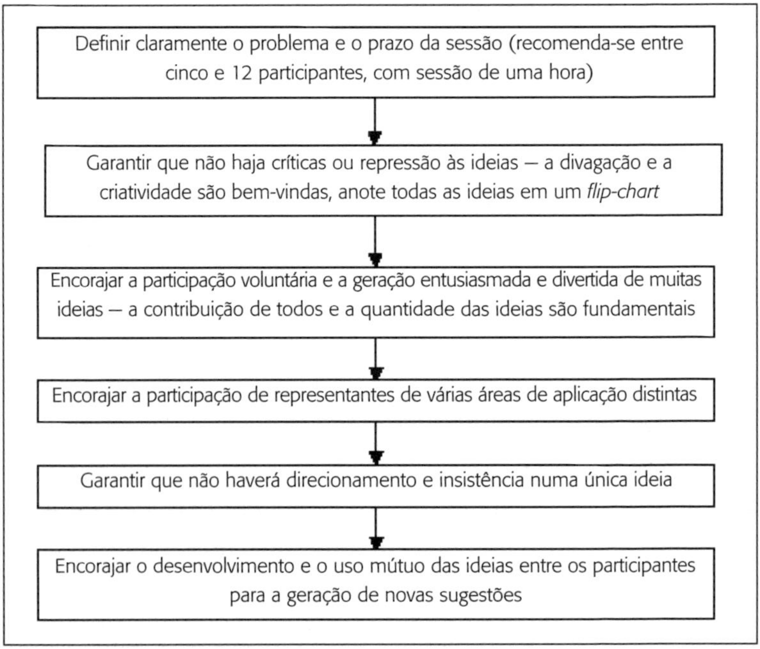

### *Técnica de grupo nominal (TGN)*

Adiciona ao *brainstorming* um processo de votação para ordenar as melhores ideias e priorizá-las com base no foco e na percepção de importância dos participantes, em um *brainstorming* adicional ou priorização.

### *Mapas mentais*

Ideias criadas através de *brainstorming* individuais são consolidadas em um único mapa mental que reflete a existência de atributos comuns e diferenças de entendimento, além de gerar novas ideias.

### *Técnica Delphi*

A técnica *Delphi* é utilizada como meio de alcançar um consenso ou quando há dificuldade em reunir os participantes. É uma abordagem interativa para se chegar a um consenso em um grupo de peritos, e não tem o objetivo de combinar as opiniões desses peritos. Fazer os peritos chegarem a um acordo é uma tarefa difícil, especialmente quando eles estão na mesma sala. É uma forma relativamente simples de estabelecer um consenso de grupo. Pode-se utilizar o seguinte processo:

1. designa-se um facilitador, e escolhem-se os participantes. Estes serão os mesmos abordados na técnica de *brainstorming* antes descrita. Apenas o facilitador terá conhecimento sobre os participantes e suas respectivas respostas;
2. o facilitador distribui as informações sobre o projeto e pede aos participantes para gerarem uma lista de requisitos, individual e anonimamente, e enviarem a ele;
3. o facilitador consolida as diversas listas em uma única e redistribui para os participantes revisarem/complementarem. Este

é o momento em que cada participante se inspira a partir dos requisitos identificados por outros participantes;

4. os participantes devolvem a lista de requisitos para o facilitador, que novamente a consolida.

O processo pode se repetir, sendo comum dois, três ou até quatro ciclos de redistribuição, possibilitando a inspiração de todos a partir das ideias de todos.

A técnica *Delphi* é similar a outras de consenso de grupo, mas é particularmente útil na eliminação de divergências nas áreas técnicas. É útil quando autoridades técnicas tenderem a dominar a discussão ou quando os participantes estão geograficamente distribuídos.

### *Diagrama de afinidade*

Essa técnica permite que uma grande quantidade de dados de diversas naturezas (ideias, opiniões, declarações, manifestações, comportamentos etc.) seja organizada em grupos, baseando-se no relacionamento natural/intrínseco (afinidade) entre cada item a fim de, posteriormente, estudar e analisar as relações de causa e efeito entre eles.

Utilizado quando os dados e opiniões se apresentam em uma situação de aparente desordem, tornando impossível, à primeira vista, a tarefa de agrupamento/classificação.

Algumas categorias de requisitos são:

- necessidade do negócio ou oportunidade;
- objetivos do negócio e do projeto;
- requisitos funcionais;
- requisitos não funcionais:
  - nível de serviço;
  - desempenho;

- segurança;
- atendimento a regulamentos;
- retenção/descarte etc.;
- requisitos de qualidade e critérios de aceitação;
- regras de negócio;
- diretrizes da organização;
- impactos em outras áreas/entidades;
- requisitos de suporte e treinamento.

### *Dinâmicas de grupo*

Essa técnica requer um conhecimento prévio do negócio do usuário e uma análise criteriosa dos problemas que ocorrem. O objetivo é buscar alternativas de solução para os problemas mais críticos a partir de situações simuladas em que os diversos participantes vivenciem o caso e gerem soluções viáveis. As diversas soluções são analisadas em grupo e posteriormente é(são) escolhida(s) a(s) melhor(es) solução(ões) para implementação.

### *Técnicas de tomada de decisão em grupo*

A tomada de decisão em grupo é um processo de avaliação de múltiplas alternativas em que uma resolução com ações futuras é esperada. Elas podem ser utilizadas para gerar, classificar e priorizar os requisitos do produto.

### *Oficinas*

Geram confiança, desenvolvem relações e aprimoram a comunicação entre os participantes, chegando ao consenso mais rapidamente do que em sessões individuais. Alguns exemplos de oficinas são apresentados a seguir.

## Joint application design (JAD)

Essa metodologia visa aperfeiçoar o processo de desenvolvimento de software. Orientados por um líder de reunião, os usuários e a equipe de desenvolvimento projetam juntos o sistema, em sessões de grupo estruturadas. Segundo August (1993), o JAD utiliza a criatividade e a dinâmica de grupo inerente ao trabalho em equipe para definir o ponto de vista dos usuários sobre o sistema — desde os objetivos e aplicação dos mesmos até a geração de telas e projeto de relatórios. Sua aplicação permite a criação, em menos tempo, de sistemas mais eficazes.

Os quato princípios do JAD são:

- dinâmica de grupo — os participantes compartilham ideias e projetam o sistema em equipe;
- recursos visuais — transformam a sala de reunião, cobrindo paredes de cima a baixo com painéis contendo referências a concepções e conceitos de projeto. São utilizados também indicadores magnéticos, protótipos e transparências, que servem para melhor comunicar e validar ideias durante o processo de definição do projeto;
- processo organizado e racional — embora o JAD efetivamente utilize técnicas de *brainstorming* para gerar ideias, possui uma estrutura de tarefas mais rígida, sendo considerado mais produtivo do que o simples *brainstorming*. O JAD emprega análise *top-down* e atividades extremamente definidas, a fim de atingir a definição de objetivos, especificações e projetos externos;
- documentação com abordagem Wysiwyg (do inglês *what you see is what you get* — o que você vê é o que você obtém). Cada JAD possui um documento ou relatório de saída. O propósito desse documento é registrar, formalmente, os resultados do processo para que ambos, usuários e analistas, entendam as decisões feitas. Os usuários devem ser capazes de rever cuidadosamente e aprovar prontamente as informações de que necessitam para

executar o projeto, a codificação e os testes do sistema. A documentação, efetivamente, deve utilizar a abordagem Wysiwyg.

## Desdobramento da função de qualidade (QFD — quality function deployment)

Determinação de características críticas para desenvolvimento de um novo produto na indústria de manufatura. Começa com a coleta das necessidades do cliente (voz do cliente — VOC), que são classificadas e priorizadas, assim como metas para alcançá-las são estabelecidas.

Segundo Marshall Junior e colaboradores (2003), é uma abordagem que privilegia a compreensão do "pensamento do cliente", objetivando garantir a observância das demandas do mercado, no que tange tanto ao desenvolvimento de atributos, características e especificações do produto, quanto à seleção e ao desenvolvimento de equipamentos, métodos e controles de processo. Caracteriza a substituição de uma abordagem reativa, fruto da inspeção levada a efeito no produto final, por outra, de cunho proativo, voltada para a prevenção à luz das necessidades antecipadas pelo cliente. Tem como principais objetivos a redução do tempo de desenvolvimento de produtos, do número de mudanças nos projetos, dos problemas na partida da produção e dos custos, simultaneamente ao aumento da satisfação dos clientes. Em geral, o QFD se processa do produto, desenvolvimento dos componentes, planejamento do processo e planejamento da produção.

### *Questionários e pesquisas*

São apropriados para audiências grandes ou dispersas, quando uma resposta rápida é necessária e uma análise estatística é apropriada, se a característica do projeto for conveniente para esse tipo de levantamento (atividades com resultados esperados idênticos, para todo o território nacional, por exemplo).

Antes:

- definir objetivos do questionário;
- definir o que se precisa saber para atingir os objetivos;
- expor claramente os objetivos pretendidos e a importância da contribuição do usuário para o sucesso do trabalho;
- definir perguntas representativas e objetivas. Procurar não elaborar perguntas discursivas mas permitir ao usuário tecer comentários gerais sobre o projeto, ao final do questionário;
- definir número par de respostas para perguntas que requeiram graduação. Dessa forma, o usuário terá, obrigatoriamente, que fugir da tendência central (meio);
- definir método para tabulação de respostas;
- definir questionário e validá-lo em piloto com usuário(s) de fácil acesso. Essa validação permite testar o questionário e o método de tabulação.

Durante:

- distribuir o questionário com prazo suficiente para que o usuário possa respondê-lo. Não adianta alongar o prazo pois, de uma forma geral, a cultura brasileira influenciará na escolha do último dia para respondê-lo;
- ficar disponível para dirimir eventuais dúvidas;
- monitorar o recebimento dos questionários.

Após:

- tabular os dados;
- analisar o resultado da tabulação;
- remeter os dados tabulados para cada participante que respondeu ao questionário.

*Observações*

- *Job shadowing* — externamente o observador examina o usuário executando o seu trabalho em seu ambiente;

Se for essencial a observação direta no ambiente do usuário, lembre-se de que:

- ninguém gosta de se sentir vigiado;
- o usuário conhece mais do negócio dele do que você. Trate-o como profissional e ele lhe retribuirá da mesma forma. Conquiste-o;
- o usuário deve estar ciente dos motivos pelo qual é necessária a observação e como ele pode ajudá-lo;
- "observador participante" — realiza um procedimento para experimentar como o mesmo é feito. Sempre que possível, execute o trabalho pelo usuário. Você terá uma noção melhor das dificuldades.

### *Protótipos*

Feitos para se obter respostas iniciais sobre os requisitos por meio de modelos funcionais do produto. Suportam o conceito de elaboração progressiva: ciclos interativos de criação de modelos, experimentos de usuário, geração de opiniões e revisão do protótipo.

## Documentação dos requisitos

O quadro 6 apresenta um exemplo de documentação dos requisitos.

Quadro 6
**EXEMPLO DE DOCUMENTAÇÃO DOS REQUISITOS**

| RQ | Descrição | Proprietário | Fonte | Prioridade | Versão | *Status* | Data de conclusão |
|---|---|---|---|---|---|---|---|
| 1 | Implantação do novo serviço até o final do ano | Patrocinador | Termo de abertura | 1 | 1.0 | Ativo | |
| 2 | Não gastar mais do que R$10 milhões | Patrocinador | Objetivos | 1 | 1.0 | Adicionado | |

*continua*

| RQ | Descrição | Proprietário | Fonte | Prioridade | Versão | *Status* | Data de conclusão |
|---|---|---|---|---|---|---|---|
| 3 | Implantação do novo serviço em 50% das agências | Diretor executivo | Contrato | 3 | 1.0 | Adicionado | |
| 4 | Clientes em cidades com mais de 500 mil habitantes terão preferência | Cliente | Entrevista | 3 | 1.0 | Adicionado | |

*Status*: ativo, cancelado, adiado, adicionado, aprovado.

## Matriz de rastreabilidade de requisitos

É um quadro que liga os requisitos às suas origens e os rastreia durante todo o ciclo de vida do projeto, fornecendo uma estrutura para gerenciar mudanças no escopo do produto (quadro 7).

A rastreabilidade de requisitos tem sido identificada como fator de qualidade, além de ser um dos mais importantes pré-requisitos para a execução de projetos com qualidade.

Quadro 7

**Exemplo de matriz de rastreabilidade de requisitos**

| Projeto <nome do projeto> – Matriz de Rastreabilidade | | | | |
|---|---|---|---|---|
| Requisito | Documento fonte | Arquitetura | Componente | Caso teste |
| | | | | |
| | | | | |

Pode incluir o rastreamento de:

- requisitos com necessidades de negócio, oportunidades, metas e objetivos;

- requisitos com objetivos do projeto;
- requisitos com escopo do projeto/entregas da EAP;
- requisitos com desenho do produto;
- requisitos com desenvolvimento do projeto;
- requisitos com estratégia de teste e cenários de teste;
- requisitos de alto nível com requisitos detalhados.

O quadro 8 apresenta outro exemplo de matriz de rastreabilidade dos requisitos.

Quadro 8

**Exemplo de matriz de rastreabilidade de requisitos**

| | R1 | R2 | R3 | R4 | R5 | R6 |
|---|---|---|---|---|---|---|
| R1 | | | X | X | | |
| R2 | | | | | X | X |
| R3 | | | | X | X | |
| R4 | | X | | | | |
| R5 | | | | | | X |
| R6 | | | | | | |

No exemplo, R1 é dependente de R3 e R4, R2 é dependente de R5 e R6 etc. Se for proposta uma alteração no requisito R4, a leitura da coluna R4 aponta que R1 e R3 dependem de R4. Deve ser avaliado com isso o impacto em R1 e R3 com relação à alteração proposta a R4.

## Plano de gerenciamento dos requisitos

Documenta como os requisitos serão analisados, documentados e gerenciados durante o projeto e como as atividades dos requisitos serão planejadas, rastreadas e relatadas. O plano de gerenciamento dos requisitos inclui ainda:

- atividades de gerenciamento da configuração;
- processo de priorização dos requisitos;
- métricas do produto e os argumentos para usá-las;
- estrutura de rastreabilidade, ou seja, quais atributos dos requisitos serão captados e a que documentos de requisitos do projeto estarão ligados.

Apresentamos neste capítulo a importância da coleta de requisitos para o projeto e suas principais entregas, a documentação dos requisitos e a matriz de rastreabilidade dos requisitos. Descrevemos os componentes essenciais desses documentos e alguns dos insumos (entradas) necessários para sua obtenção, com destaque para o termo de abertura e o registro das partes interessadas.

No próximo capítulo descreveremos os benefícios da definição do escopo, focando na declaração de escopo. Falaremos sobre seus componentes e insumos principais e daremos destaque a importantes técnicas para sua preparação e nas diferenças em relação ao termo de abertura.

# 3

# Definir o escopo

Prezado leitor, conforme mencionamos nos capítulos anteriores, pretendemos continuar a lhe apresentar boas justificativas do esforço cuidadoso para a gestão desse elemento central do gerenciamento de projetos, agora especificamente voltadas para sua definição. Assim, destacaremos neste capítulo a declaração de escopo, sua importância e seus principais insumos, componentes e técnicas de preparação.

## A importância de uma boa definição do escopo

Suponha que um escritório de arquitetura, antes de iniciar a construção de um condomínio residencial para seu mais importante cliente, tenha submetido à contratante uma série de ideias na forma de esboços e maquetes eletrônicas, além de recomendações sobre métodos construtivos. As sugestões descartadas foram substituídas por outras e o conjunto todo foi refinado até que a equipe formatasse um anteprojeto baseado no qual o cliente sentiu-se à vontade para aprovar a abordagem e o escopo do serviço a ser prestado. Decidida a não partir para a execução com base apenas num entendimento preliminar, a equipe agora se sentia mais confortável em prosseguir com os trabalhos. Vale ressaltar que a definição a respeito do momento a partir do qual a construção/execução do produto final do projeto deve ser iniciada está frequentemente condicionada, entre outros fatores, a pressões comerciais que demandem acelerar a geração da solução para rivalizar com iniciativas dos competidores, ou ao grau de ineditismo do trabalho a ser realizado. Por exemplo, a definição do escopo de um projeto de clonagem de organismos complexos que, em função da tecnologia atual disponível, encerra elevado grau de ineditismo e experimentação dependerá muito mais dos resultados da própria execução paulatina de suas diversas fases — neste caso, a equipe depende da execução do projeto para elaborar progressivamente o seu escopo.

Em suma, antes de simplesmente "sair fazendo" (o famoso "fazejamento"), o objetivo central do gerente e da equipe na definição do escopo do projeto deve ser, com base no termo de abertura, o de prover esclarecimento paulatino, no menor tempo possível, sobre o que fazer, de que forma entregá-lo e como medir os resultados do escopo do projeto, em um equilíbrio satisfatório entre as restrições-chave do projeto e o nível de incerteza com o qual as partes interessadas sentem-se confortáveis para tomar decisões. O documento que consolida essas informações é a *declaração de escopo*.

No Brasil, a julgar por alguns resultados específicos do Estudo de Benchmarking em Gerenciamento de Projetos Brasil 2008 (PMI-BR, 2008), um percentual alto (79%) das empresas respondentes confirma, ao menos em parte, a importância conferida à formalização das definições de escopo do projeto.

## Declaração de escopo: um documento-chave de consenso entre os envolvidos

A *declaração do escopo* corresponde a um anteprojeto do trabalho a ser realizado. Como no exemplo do escritório de arquitetura do início deste capítulo, uma vez que os responsáveis decidiram pelo prosseguimento do trabalho com base nas informações preliminares apresentadas no termo de abertura, cumpre, agora, detalhar tais informações. O resultado disso, registrado na declaração do escopo, deverá refletir um conjunto de definições de consenso entre as partes envolvidas a respeito do escopo do projeto — uma espécie de acordo documentado que suporte decisões a respeito de eventuais solicitações futuras de alterações nas definições-chave do produto.

É recomendável que a escolha dos nomes dos vários documentos do projeto seja inspirada na nomenclatura usual das "boas práticas" adotada neste livro; entretanto, frisamos que quaisquer que sejam os termos adotados, eles precisam, acima de tudo, fazer sentido para os envolvidos, levando em consideração os termos já consagrados pelo uso na organização. Inúmeras empresas adotam o termo "declaração de trabalho"[19] (*statement of work*) para nomear genericamente o que apresentamos aqui como declaração de escopo. O que importa de fato é garantir uma linguagem comum entre todos os envolvidos no projeto e, de preferência, registrá-la num glossário para facilitar a comunicação também com entidades de fora da organização ou com profissionais recém-integrados à equipe.

---

[19] Frequentemente associado ao escopo do produto como documentação técnica complementar ao contrato que rege o projeto, a fim de assegurar o entendimento, a validação e o compromisso entre as partes interessadas a respeito do que deve ser entregue. Em geral, é requisitado pelo contratante para o fornecedor ou mesmo providenciado pelo cliente — o livro *Gerenciamento de aquisições em projetos*, desta mesma série, aborda com profundidade o tema (Xavier et al., 2010).

Os principais componentes de uma declaração de escopo correspondem, em essência, ao resultado do detalhamento das informações que constam no termo de abertura do projeto, descrito no capítulo anterior. A equipe deve elaborá-las progressivamente à medida que o projeto avança, visando gerar uma *lista completa de entregas*[20] *e seus respectivos requisitos e critérios de medição*, propiciando às partes interessadas referências tangíveis para avaliar o sucesso da evolução contínua e da conclusão dos trabalhos. Com esse intuito, pode-se correlacionar esses critérios a cada área de conhecimento, como, por exemplo (e que poderão servir de referência para o dicionário da EAP, assunto que abordaremos no capítulo seguinte):

- escopo — especificações técnicas;
- tempo — prazos de entrega ou marcos-chave na forma de datas;
- custos — estimativa orçamentária;
- qualidade — adequação a normas internas ou externas à organização do projeto;
- riscos — principais ameaças e oportunidades associadas à confecção da entrega;
- recursos humanos — matriz de responsabilidades das partes interessadas;
- comunicação — qual(is) parte(s) interessada(s) deve(m) ser informada(s), e de que forma;
- aquisições — critérios de seleção dos fornecedores associados à entrega, caso existam.

Adicionalmente, recomendamos que na declaração de escopo sejam apontadas as *fronteiras e interfaces do projeto*, bem como as *hipóteses* (suposições ou premissas) e *restrições*, conforme descrito a seguir.

---

[20] Conceito descrito no capítulo 1.

### *Fronteiras e interfaces do projeto*

A equipe deve caracterizar as fronteiras do projeto tão precisamente quanto possível, descrevendo o que está e o que *não* está compreendido no escopo do produto e no escopo do projeto, destacando o que *não* é de responsabilidade do projeto realizar. O mesmo cuidado se aplica à definição das interfaces, ou seja, as possíveis ligações com outros projetos, áreas organizacionais (recursos humanos, logística, tecnologia da informação) ou entidades externas (fornecedores, comunidades locais). Isso permitirá refinar o foco de trabalho da equipe e apoiará o gerenciamento adequado das expectativas das partes interessadas quanto aos resultados que devem receber. É importante destacar também que, a partir dessas fronteiras e interfaces, poderão surgir oportunidades de compartilhamento de recursos e atividades entre projetos e áreas organizacionais (gerando economias mútuas e aceleração das atividades); de aprendizagem (lições aprendidas de projetos semelhantes); ameaças e restrições, na forma de dependências externas caracterizadas por resultados do projeto que estejam condicionados a esforços de outros projetos.

### *Premissas e restrições*

Convidamos o prezado leitor à seguinte reflexão: ao iniciarmos um projeto, mesmo de pequeno porte, é comum termos todas as informações-chave de que precisamos para seu desenvolvimento? Muito raramente, não é mesmo? Por isso, é preciso apresentar um plano de trabalho inicial e, para tanto, torna-se necessário assumir algumas *premissas* (suposições ou hipóteses), ou seja, condições "verdadeiras" para fins de planejamento. Portanto, para lidarmos com determinadas incertezas e evitarmos paralisar o projeto por falta de algumas definições, podemos estabelecer valores que preencham provisoriamente "lacunas de informação" — mas, em contrapartida, ao fazê-lo, assumimos alguns riscos, pois tais hipóteses podem vir a ser confirmadas ou não.[21] Hipóteses podem ser levantadas tanto sobre o escopo do produto (o que deve ser feito) quanto sobre o escopo do projeto (como deve ser feito). O gerente e a equipe de projeto devem buscar sua validação sistematicamente a fim de reduzir o nível de incerteza do projeto e atualizar seus planos de referência com informações mais confiáveis sobre essas condições.

Todo e qualquer fator que limite as opções e alternativas de atuação da equipe para conduzir seus trabalhos é uma *restrição*, que está, portanto, necessariamente associada ao escopo do projeto (e não do produto) e é representada por uma ou mais das seguintes condições: disponibilidade e habilidade das pessoas envolvidas; prazos e consumo do tempo; custos e consumo das verbas; e regras ou normas em geral. Reiteramos que é importante distinguir restrições (exclusivamente associadas ao escopo do projeto) dos requisitos/especificações da solução a ser gerada pelo projeto, associadas, evidentemente, ao escopo do produto.

A fim de ilustrar melhor tais conceitos, apresentamos alguns exemplos de hipóteses e restrições no quadro 9.

Quadro 9

**EXEMPLOS DE PREMISSAS E RESTRIÇÕES DE PROJETO**

| Hipóteses (premissas ou suposições) | Restrições |
|---|---|
| Qualquer condição a respeito do escopo do projeto para a qual a equipe não disponha de definição e que seja considerada relevante para o projeto: | Fatores associados exclusivamente ao escopo do projeto e que são representados por: |

*continua*

[21] Riscos embutem ameaças (neste caso, hipóteses não ratificadas) e ameaças (hipóteses negadas parcial ou totalmente). No livro *Gerenciamento de riscos em projetos*, desta série, conceitos como esses são cuidadosamente explorados (Salles Jr. et al., 2010).

| Hipóteses (premissas ou suposições) | Restrições |
|---|---|
| ❑ hipóteses relacionadas ao escopo de projeto, se confirmadas, apontarão para algum tipo de restrição;<br>❑ pode incluir características da solução e estratégia de condução do trabalho, como, por exemplo:<br>  ❑ o treinamento deverá acontecer durante o horário comercial e nas instalações do cliente;<br>  ❑ o cliente disponibilizará até o dia 01/02/2011 toda a infraestrutura de hardware e software necessária para o desenvolvimento e instalação do sistema;<br>  ❑ as obras civis externas poderão ser executadas nos meses de junho a agosto, devido à baixa incidência de chuvas na região, nesse período;<br>  ❑ o local de instalação do equipamento estará disponível a partir do dia 01/01/2011;<br>  ❑ a equipe do projeto estará autorizada a utilizar as dependências do setor de manufatura, 24 horas por dia, sete dias da semana. | ❑ disponibilidade e habilidade das pessoas envolvidas:<br>  ❑ todos os funcionários deverão ser treinados em cursos de segurança ministrados pela própria usina e participar 10 minutos do DDS (diálogo diário de segurança) ministrado por técnicos de segurança contratados na obra;<br>  ❑ serão disponibilizados cinco analistas da área de recursos humanos em período integral e três analistas da área de tecnologia da informação em período *part-time* (um analista de processos, um analista de microinformática e uma analista de sistemas);<br>❑ prazos e consumo do tempo:<br>  ❑ o prazo será de 90 dias a partir da aprovação do projeto básico para elaboração do projeto executivo da nova pista de pouso e decolagem;<br>  ❑ o projeto tem um prazo total de 12 meses, sendo que no final do primeiro mês deverão ser iniciados os trabalhos de construção no campo;<br>❑ custos e consumo das verbas:<br>  ❑ a verba do orçamento a ser utilizada nesse projeto é de R$ 1,5 milhão, não podendo ultrapassar 10% desse valor no primeiro mês;<br>  ❑ todas as despesas de deslocamento e estada da equipe serão pagas pelo cliente mediante a apresentação das notas fiscais; |

*continua*

| Hipóteses (premissas ou suposições) | Restrições |
|---|---|
| | ❑ regras ou normas em geral:<br>❑ o projeto de reforma deverá ser conduzido com o laboratório em funcionamento, sem afetar o processo de análise de controle de qualidade, que não será interrompido;<br>❑ os serviços só poderão ser executados de 2ª a 6ª feira das 9 h às 18 h. |

Na próxima seção, apresentaremos algumas técnicas e ferramentas que auxiliam na investigação de hipóteses, permitindo ratificar, descartar ou ajustar os valores e condições assumidos preliminarmente.

## Como preparar uma boa declaração de escopo

Uma boa receita começa com bons insumos. Segundo o PMI (2008), as entradas-chave para a confecção da declaração de escopo são o termo de abertura do projeto, descrito no capítulo anterior, e os ativos e condicionantes do ambiente organizacional, que serão apresentados a seguir.

### *Ativos e condicionantes do ambiente organizacional*

Existem muitos fatores que interagem e podem influir no sucesso de um projeto. Eles vão desde a adequada captura e validação do que deve ser feito (escopo) à habilidosa execução, por meio de ferramentas adequadas, passando pela alocação e manutenção das pessoas certas ao longo de seus diversos estágios. É importante registrar a essência desses fatores e disseminar as boas práticas de sua implementação por meio de procedimentos e processos organizacionais e de uma base de conhecimentos corporativos. Esse conjunto de informações deverá suportar a própria estrutura de governança de projetos da organização.

Os procedimentos e processos organizacionais correspondem a padrões e políticas da empresa que descrevem, por exemplo, critérios de definição de alçadas no tratamento de mudanças no projeto; instruções de auditoria da qualidade e aceitação dos entregáveis; controles financeiros; regras de avaliação de desempenho e de conduta; de sigilo das informações; e até mesmo de encerramento de fases ou do próprio projeto, com critérios associados à aceitação de entregas. A existência de modelos (*templates*) de documentos importantes como o termo de abertura de projeto, a EAP, a solicitação de mudanças, o controle dos entregáveis e os relatórios de desempenho, entre outros, facilita bastante o aprimoramento das práticas de projeto e reduz as incertezas das equipes quanto a como proceder nos vários estágios do projeto.

Uma base de conhecimentos corporativos corresponde a arquivos e mecanismos de armazenagem e recuperação de informações dos projetos da organização, tais como medidas de desempenho de processos e produtos que sirvam como referência a outros projetos; e registros relativos às linhas de base de escopo, custos, tempo e recursos humanos, incluindo calendários e volume de horas de profissionais alocados. As pendências técnicas e, principalmente, as lições aprendidas também devem estar registradas. Além disso, as condições de negócio da organização e de sua infraestrutura de alguma forma causarão impacto no escopo do projeto e devem estar disponíveis para a equipe do projeto. A figura 8 resume os elementos do ambiente organizacional que podem influenciar a definição do escopo do projeto.

Figura 8

**ATIVOS E CONDICIONANTES DO AMBIENTE ORGANIZACIONAL QUE MODELAM E SÃO IMPACTADOS PELO PLANEJAMENTO DO ESCOPO**

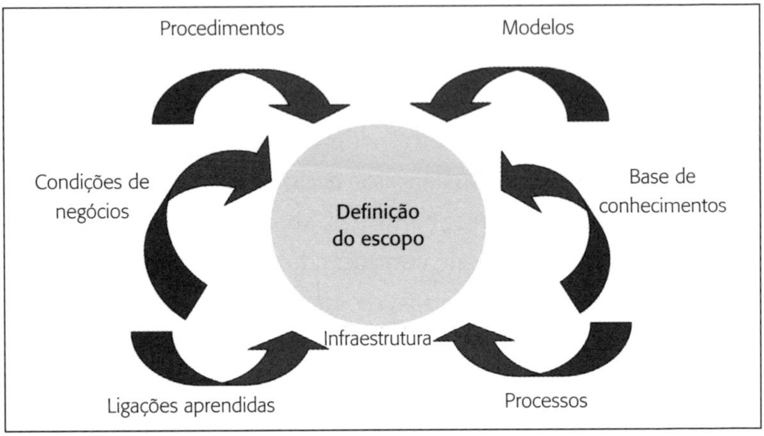


Uma vez descritas as entradas da declaração de escopo, apresentaremos algumas técnicas aplicáveis à preparação da declaração de escopo, na medida em que são particularmente úteis para a determinação dos entregáveis do projeto e de seus requisitos e respectivos critérios de aceitação. A habilidade na aplicação das ferramentas passa a ser crítica quando prevalecem níveis elevados de desconhecimento da equipe em relação ao produto do projeto — essa é uma ameaça importante, que pode prejudicar ou mesmo inviabilizar o desenvolvimento do projeto. Com esse intuito, resumiremos as técnicas/abordagens: opinião especializada; análise do produto; e identificação de alternativas.

### *Opinião especializada*

Ao longo de um projeto, é comum propostas de abordagens, métodos ou técnicas já adotados previamente, nunca antes registrados de forma adequada. Segundo o *Estudo de benchmarking em gerenciamento de projetos Brasil 2008* (PMI-BR, 2008), 56% das empresas afirmaram que "quase nunca" ou "nunca" adotam a "prática de documentação formal das lições aprendidas em projetos realizados". Depender exclusivamente das lembranças, da boa vontade ou da disponibilidade das partes interessadas nos projetos para reprodução do aprendizado, muitas vezes obtido a duras penas em projetos anteriores, não é, exatamente, o que podemos chamar de boas práticas. A repetição desse equívoco gera um círculo vicioso que pode levar ao desperdício de recursos e ao abatimento moral da equipe, prejudicando os resultados do projeto e frustrando as expectativas das demais partes interessadas.

O combate a esse problema demanda um bom projeto com escopo bem definido, recursos humanos e tecnológicos adequados, disciplina e um forte patrocínio; e ainda assim não gerará resultados perceptíveis do dia para a noite. Por meio do levantamento, registro e disseminação sistemáticos das lições aprendidas no projeto, os gerentes e membros das equipes começam a criar um bom hábito que vai facilitar o planejamento dos projetos futuros.

A fim de acelerar a obtenção dos benefícios e superar os custos associados a esse esforço, recomendamos a construção de guias ou modelos dos principais documentos do projeto, seu plano de gerenciamento, termo de abertura, declaração de escopo, estrutura analítica de projeto (EAP), matrizes de risco, responsabilidades, comunicação e formulários de controle de mudanças. Eles devem capturar a essência do que precisa ser registrado ao longo do projeto, de acordo com seu porte e outras características específicas, sendo progressivamente refinadas e utilizadas como incentivo à melhoria contínua, nunca como limitantes da criatividade dos envolvidos, especialmente da equipe de projeto. Boas ideias e sugestões de melhorias são sempre bem-vindas.

Além das lições aprendidas, o apoio do especialista representa uma técnica efetiva e pode ser obtido tanto dos envolvidos diretamente no projeto quanto de elementos externos ao projeto. A fonte de provimento desse apoio pode variar ao longo das diversas fases do ciclo de vida de projeto e, normalmente, está associada a profissionais com elevados níveis de especialização técnica, de experiência prática ou ambos. A indisponibilidade dessa ferramenta é importante fator de ameaça ao projeto e deve ser cuidadosamente tratada no âmbito de gerenciamento de riscos (PMI, 2008).

### *Análise do produto*

Frequentemente utilizada no âmbito do gerenciamento da qualidade, essa técnica é aplicável especificamente quando o projeto tem como solução requerida um produto tangível, e não um serviço ou um conjunto de procedimentos, por exemplo. Cada área de aplicação tem métodos geralmente aceitos para apoiá-la na tradução de objetivos em entregáveis, cuja complexidade pode variar bastante. Podem ser, por exemplo, reuniões para elaborar e validar uma lista de atributos desejáveis; ou o desenvolvimento de protótipos seguidos da execução de provas de conceito em amostras representativas do público-alvo do produto. De um modo geral, as técnicas de análise de produto incluem abordagens como:

- engenharia de sistemas;
- análise de decomposição do produto;
- análise do valor e da função;
- implantação da função qualidade (*quality function deployment* — QFD), descrita no capítulo 2.

### Engenharia de sistemas

Significa genericamente desenhar, implementar, aplicar e operar sistemas que incluem hardware, software e pessoas.

Requer um amplo acordo de coordenação entre as disciplinas. Seu foco é o de estabelecer uma solução geral para um problema complexo, envolvendo desde a definição de necessidades do usuário, dos requisitos do sistema, da arquitetura, do desenho e do desenvolvimento, até os testes, implementação, operação e manutenção da solução. Essa abordagem pode ser bastante complexa e é aplicável a diversas áreas, como o marketing, segundo a definição de Kotler (1993:135):

> Um sistema de informação de marketing é uma estrutura contínua e interagente de pessoas, equipamentos e processos, que congregam, classificam, analisam, avaliam e distribuem a informação conveniente, oportuna e correta, para os responsáveis pelas decisões de marketing, para incrementar o planejamento, a implementação e o controle de marketing.

## Análise de decomposição do produto

Refere-se à subdivisão do conceito ou ideia central do produto em subcomponentes menores e mais facilmente compreensíveis, até um nível de detalhes suficiente para a definição de atributos específicos e subsequente desenvolvimento das atividades necessárias para sua prototipagem ou produção. Esse princípio tem ampla aplicação, sendo utilizado na elaboração da lista de entregáveis do projeto, relacionada à declaração do escopo; e no processo de criação da EAP.

## Análise do valor e da função (Marshall Junior e colaboradores, 2003)

Essa abordagem tem o objetivo principal de identificar as funções do objeto em estudo, estabelecer o valor dessas funções e provê-las ao menor custo possível, garantindo nível de qualidade igual ou superior ao do produto inicial. Denomina-se análise de valor quando aplicada a produtos acabados; engenharia de valor quando empregada em novos projetos (abordagem de natureza preventiva por minimizar custos previsíveis que pesariam sobre o produto ao longo de seu ciclo de vida); e gestão de valor quando conduzida em atividades administrativas. A disponibilidade de registros suficientes aumenta a eficácia no desenvolvimento das atividades associadas à análise de valor. Essa abordagem se baseia em conceitos como "pensamento na função" (preocupação em entender as funções do objeto em estudo e de que forma estão relacionadas com as necessidades dos clientes); quantificação dos objetivos; trabalho em equipe; criatividade; e sistematização do trabalho (preocupação em seguir uma metodologia entendida por todos a fim de garantir um bom resultado). O quadro 10 descreve os principais elementos da análise do valor e da função.

Quadro 10

**PRINCIPAIS ELEMENTOS DA ANÁLISE DO VALOR E DA FUNÇÃO**

| Objeto | Função | Custo | Valor |
|---|---|---|---|
| Bem ou serviço, projeto ou processo de trabalho em estudo | Tarefas ou atributos que os objetos procuram desempenhar ou de que são dotados. São classificadas quanto ao uso e quanto à classe.<br>Quanto ao uso:<br>❑ função de uso — valor de uso (p. ex., "permitir assento", no caso do objeto cadeira); | A avaliação dos insumos e processos necessários para a produção de um bem ou serviço | Quatro tipos:<br>❑ de uso — relacionado com as funções que o objeto deve cumprir;<br>❑ de estima — o poder que o objeto exerce sobre as pessoas e que as leva a desejar possuí-lo — associado à atratividade; |

*continua*

| Objeto | Função | Custo | Valor |
|---|---|---|---|
| | ❑ função de estima — valor de estima para os clientes, não mensuráveis (p. ex., "criar *status*", no caso do objeto cadeira).<br><br>Quanto à classe:<br>❑ função principal — razão principal da existência do produto (p. ex., "permitir assento", no caso do objeto cadeira);<br>❑ função secundária — funções com o objetivo de auxiliar ou expandir o desempenho da função principal (necessária, desnecessária, acessória). | | ❑ de custo — soma dos custos necessários para a produção do objeto;<br>❑ de troca — soma dos valores de uso e de estima que permite a venda pelo cliente. |

Fonte: Adaptado de Marshall Junior et al. (2003).

### *Identificação de alternativas*

A investigação de alternativas factíveis e interessantes para a definição e análise do produto é fator crítico de sucesso para o gerenciamento do escopo do projeto e para o próprio projeto. Opções criativas para componentes, especificações e funcionalidades em geral podem otimizar ou mesmo viabilizar todo o ciclo de vida do produto, da definição à comercialização, traduzindo-se em benefícios relevantes para o negócio da organização (diferenciação no mercado, fidelização da base de clientes, conquista de novos consumidores, barreira à entrada de novos produtos da concorrência, criação de produtos substitutos, entre outros). Por exemplo, na área de tecnologia da informação, o desenvolvimento de um sistema pode utilizar o modelo tradicional ou o modelo em espiral; na área de engenharia, pode-se adotar a engenharia simultânea[22] ou ainda optar-se pelo sistema de casas pré-fabricadas ou pela elaboração de um projeto (*design*) específico com a construção *in loco*; na área de telecomunicações, as peças para a montagem de uma antena podem vir em blocos pré-montados em algum outro local ou ser totalmente montadas no local em que a antena será erguida. Entre as abordagens para a identificação de alternativas destacamos:

- listagem de atributos;
- identificação da necessidade/problema;
- pensamento lateral (do qual derivam o *brainstorming* e a sínese).

### Listagem de atributos (Kotler, 1993)

Envolve a listagem dos principais atributos de um produto já existente no mercado para então desafiá-los na busca de um produto aperfeiçoado. Algumas questões ajudarão a estimular boas ideias.

### Identificação da necessidade/problema (Kotler, 1993)

As três abordagens mencionadas anteriormente não requerem a presença do consumidor para a geração de ideias. Já esta se inicia com ele pela indagação a respeito das suas neces-

[22] Uma metodologia de trabalho e modelo organizacional, que consiste na realização de várias fases de um projeto de modo colaborativo e com execução de várias funções de engenharia simultaneamente (ou em paralelo).

sidades, problemas e ideias, registradas numa lista classificada por grau de seriedade, incidência e custo de correção. Uma variação pode ser adotada: os consumidores recebem uma lista de problemas e reportam-se aos produtos correspondentes que lhes vêm à mente (por exemplo, "o pacote do produto X não cabe na prateleira").

## Pensamento lateral (De Bono, 1994)

Criado por Edward De Bono, o conceito de pensamento lateral consiste na geração de novas ideias e no abandono das obsoletas. Aplicado ao gerenciamento de projetos, é uma técnica para aumentar a criatividade da equipe na busca de alternativas de projeto onde o autor distingue o pensamento lateral (descontínuo, baseado no inusitado, fora dos padrões e destinado à geração de ideias) do vertical (contínuo, baseado na lógica tradicional e que possibilita passar de um estado de informação para outro diretamente, orientado para o desenvolvimento das ideias geradas). Seus princípios básicos são: o reconhecimento de ideias dominantes ou polarizadoras; a procura de maneiras diferentes de ver as coisas; o relaxamento do controle rígido do pensamento vertical; o uso do acaso e de métodos provocativos para introduzir descontinuidade; e o entendimento da nova palavra operacional e alguma habilidade no seu uso. Algumas aplicações práticas da técnica do pensamento lateral são o *brainstorming* e a sínese:

- *brainstorming* (Marshall Junior et al., 2003) — processo de pensamento lateral, desenhado para ajudar a desafiar padrões e desinibir o raciocínio criativo. Por isso mesmo, a avaliação das ideias geradas e registradas só deverá ser feita uma vez concluída a tempestade. A partir daí podem ser aplicadas abordagens tradicionais como as já mencionadas ou como a técnica do grupo nominal (TGN);

- sínese (Kotler, 1993) — uma variação do *brainstorming*, combinando procedimentos de omissão de conceito (ao se omitir um conceito pode-se facilmente criar novas ideias) e fracionamento (divisão de um conceito em quaisquer partes independentemente do próprio conceito). Consiste em definir o problema de maneira tão ampla que o grupo não se sinta compelido a detalhá-lo, mas sim a compreendê-lo sob diferentes ângulos a partir da citação de uma noção geral associada ao problema, ao invés da sua descrição precisa (por exemplo, ao buscar soluções para um problema técnico de vedação, inicia-se a reunião com o tema "clausura"). À medida que o grupo esgote as perspectivas de um tema, novos vão sendo inseridos até que, ao final, o animador descreve o tema-chave (o problema gerador do debate) e o grupo refina a solução definitiva a partir das inúmeras ideias geradas.

Prezado leitor, você pôde perceber que as ferramentas/abordagens de opinião especializada, análise do produto e identificação de alternativas (geração de ideias) que descrevemos aqui variam em complexidade, aplicabilidade e demanda pela presença do cliente. Nenhuma delas sozinha é capaz de atender às necessidades da equipe de projeto para detalhar o escopo — mas a aplicação habilidosa de uma combinação de algumas dessas técnicas poderá prover valioso suporte ao sucesso do projeto, ao longo de todo o ciclo de vida deste, em especial durante os processos de planejamento e, em particular, na definição do escopo.

## Diferenças entre a declaração do escopo e o termo de abertura do projeto

Embora a declaração de escopo usualmente repita e expanda elementos do termo de abertura, dentro do conceito de elaboração progressiva, é possível tentar distinguir os elementos que ocorrem em cada documento para reduzir repetições. O quadro 11 lista uma sugestão relativa aos elementos que cada um dos documentos pode vir a conter.

Quadro 11

**ELEMENTOS DO TERMO DE ABERTURA E DA DECLARAÇÃO DO ESCOPO**

| Termo de abertura | Declaração do escopo |
|---|---|
| Propósito do projeto ou justificativa | Descrição do escopo do produto (progressivamente elaborada) |
| Objetivos mensuráveis do projeto e critérios de sucesso relacionados | Entregas do projeto |
| Requisitos de alto nível | Critérios de aceitação do usuário |
| Descrição do projeto em alto nível, características do produto | Limites do projeto |
| Resumo do cronograma de marcos | Restrições do projeto |
| Resumo do orçamento | Premissas do projeto |
| Requisitos para aprovação do projeto (o que constitui o sucesso do projeto, quem decide se o projeto é bem-sucedido, e quem assina o projeto) | |
| Gerente do projeto, responsabilidade, nível de autoridade designados | |
| Nome e responsabilidade da(s) pessoa(s) autorizando o termo de abertura do projeto | |

Fonte: PMI (2008).

Neste capítulo você foi apresentado aos benefícios da definição do escopo, focando na sua entrega-chave, a declaração de escopo, e viu seus principais componentes e insumos, bem como algumas ferramentas importantes para a preparação desse documento.

No próximo capítulo você acompanhará o processo de criação daquele que é considerado o principal documento de planejamento do projeto, a EAP (estrutura analítica do projeto), expressão (sigla) da língua portuguesa para WBS (*work breakdown structure*). Você poderá ver uma estratégia possível para sua geração, seus "10 mandamentos" e uma série de exemplos que certamente o ajudarão em seus projetos.

# 4

# Criar a estrutura analítica do projeto (EAP)

Considerando que uma imagem é melhor do que mil palavras, seria interessante se tivéssemos um instrumento que fosse capaz de expressar por meio de uma imagem as entregas previstas para o projeto. Este capítulo irá descrever como fazer isso.

A EAP é a expressão da língua portuguesa para WBS (*work breakdown structure*). De acordo com o PMI (PMI, 2008:116), ela representa uma "decomposição hierárquica orientada às entregas do trabalho a ser executada pela equipe para atingir os objetivos do projeto e criar as entregas requisitadas, sendo que cada nível descendente da EAP representa uma definição gradualmente mais detalhada da definição do trabalho do projeto". Por meio de estrutura semelhante a um organograma, a EAP representa o que deverá ser entregue pelo projeto. Ela permite detalhar quais as entregas que devem ser geradas em função dos objetivos do projeto. A organização das entregas por meio de uma EAP vem sendo fortemente utilizada nos projetos de sucesso em todo o mundo, já que permite o esclarecimento à equipe do projeto, fornecedores, clientes, patrocinadores e demais interessados sobre o que se espera em termos de resultados do projeto e, consequentemente, do que será monitorado e controlado. Se o gerente de projetos optar por estruturar a EAP em função das fases do ciclo de vida do projeto e de seus componentes terá maior facilidade para alocar/controlar os custos do projeto e sua organização, uma vez que a conta de controle corresponde à fase/subfases do projeto.

Desde o início do projeto devemos pensar nele de uma forma sistêmica, isso é, pensar nele como um todo e em suas partes (decomposição hierárquica). Pelo glossário do PMI (2008), a decomposição é

> uma técnica que subdivide o escopo do projeto e as entregas do projeto em componentes menores e mais facilmente gerenciáveis até que o trabalho do projeto associado à realização do escopo do projeto e ao fornecimento das entregas seja definido em detalhes suficientes para dar suporte à execução, ao monitoramento e ao controle do trabalho.

Definir componentes menores facilita a estimativa de prazo, custo e recursos para sua conclusão; auxilia na definição de critérios para monitoração e controle do desempenho e viabiliza uma atribuição de responsabilidade mais adequada à realidade do projeto.

Apesar de outras áreas de aplicação utilizarem modelos de estruturas analíticas semelhantes a uma EAP, não devemos confundi-la com outras. Uma estrutura analítica de riscos, organizada por categoria de risco, ou uma estrutura analítica de recursos, categorizada pelo tipo de recurso, ou uma lista de preço de materiais, que compõe a árvore do produto, ou um organograma, que representa os órgãos da empresa, são ferramentas usadas em outras áreas de conhecimento abordadas pelo gerenciamento de projetos.

## Estratégia possível para a criação de uma EAP

O gerenciamento do conhecimento aplicado a um projeto deve coletar, armazenar e disponibilizar as informações históricas e as lições aprendidas em outros projetos, viabilizando o aprendizado com o passado. Assim, a EAP de um projeto específico poderá ser utilizada parcialmente em outro projeto semelhante. É comum a empresa definir modelos que deverão ser utilizados em seus projetos, facilitando a criação e padronizando a estrutura de uma EAP.

O quadro 12 não é uma abordagem obrigatória, mas representa uma estratégia possível para a criação de uma EAP em que as fases do ciclo de vida são apresentadas no segundo nível. Salientamos, entretanto, que podemos escolher uma estratégia onde o projeto seja decomposto por área geográfica ou partes componentes e não por fases do ciclo de vida.

Quadro 12
**ESTRATÉGIA POSSÍVEL PARA A CRIAÇÃO DE UMA EAP**

1. Escrever o nome do projeto no primeiro nível (nível 0) da EAP.
2. Iniciar o segundo nível com as entregas de gerenciamento do projeto e de encerramento.
3. Acrescentar as fases do ciclo de vida (entrega completa da fase) do projeto no segundo nível.
4. Decompor as entregas (produtos ou serviços) em subprodutos (entregas parciais) que as compõem.
5. Decompor as entregas parciais até um nível de detalhe que viabilize o planejamento e controle em termos de tempo, custo, qualidade, risco, atribuição de responsabilidades e contratação, se for o caso.
6. Revisar continuamente a EAP, refinando-a quando necessário, até que a mesma esteja apta a ser aprovada.

Vejamos cada um desses passos:

1. Escrever o nome do projeto no primeiro nível (nível 0) da EAP.

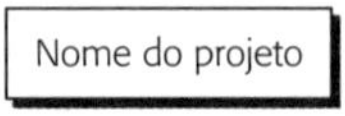


2. Iniciar o segundo nível com as entregas de gerenciamento do projeto e de encerramento.

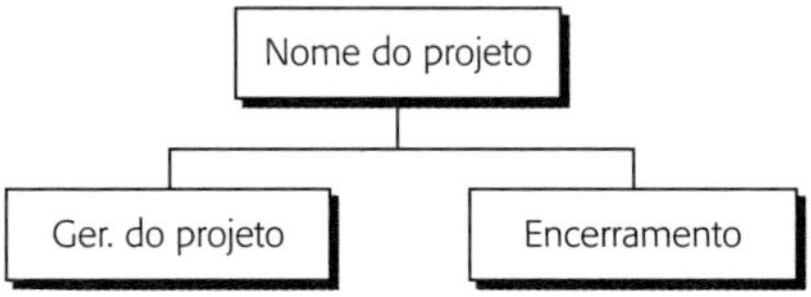


3. Acrescentar as fases do ciclo de vida (entrega completa da fase) do projeto no segundo nível.

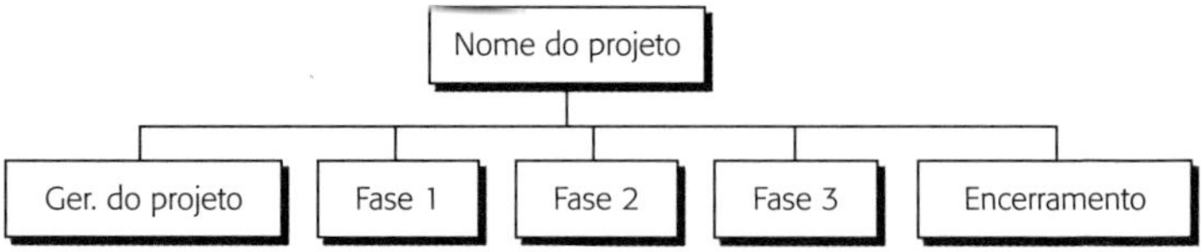


4. Decompor as entregas (produtos ou serviços) em subprodutos (entregas parciais) que as compõem.

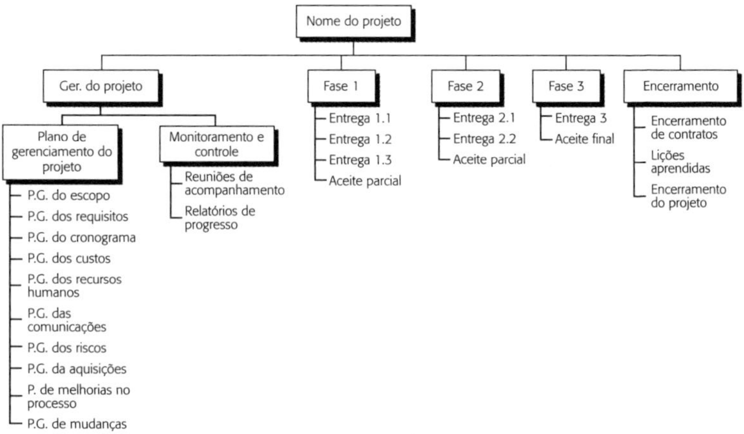

5. Decompor as entregas parciais até um nível de detalhe que viabilize o planejamento e controle em termos de tempo, custo, qualidade, risco, atribuição de responsabilidades e contratação, se for o caso.

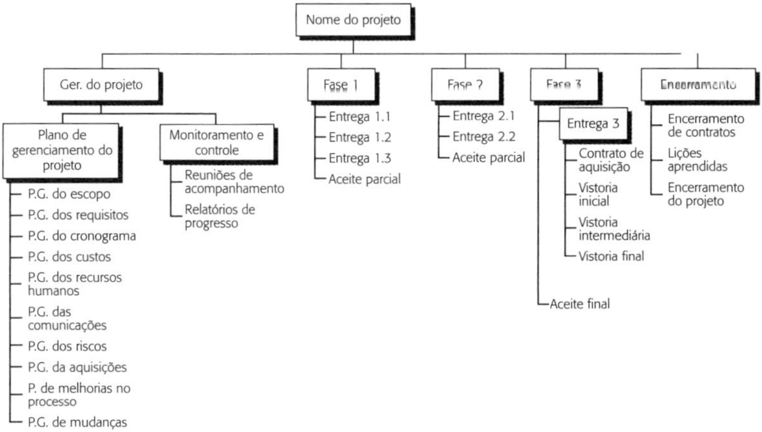


Os aceites expressos na EAP acima representam aceites do cliente enquanto as vistorias devem ser realizadas pela equipe do projeto no fornecedor da entrega 3.

Você pode reparar que os componentes que não estão dentro de uma caixa estão expressos no nível mais baixo de cada ramo da EAP. Esses componentes são denominados pacotes de trabalho e devem ser detalhados no dicionário da EAP. Eles representam as entregas individuais propriamente ditas do projeto.

6. Revisar continuamente a EAP, refinando-a quando necessário, até que a mesma esteja apta para ser aprovada.

A revisão contínua permite que a EAP gradativamente represente de forma mais fidedigna o que se espera em termos de resultado do projeto.

Para um melhor entendimento do assunto apresentamos uma EAP sobre a formatação de um trabalho acadêmico, baseado na norma da ABNT NBR 14724, de julho de 2001, e contemplando as alterações na norma feitas em agosto de 2002, tanto em uma representação gráfica (figura 9) quanto em uma representação hierárquica (quadro 13).

Figura 9

**REPRESENTAÇÃO GRÁFICA DA EAP**

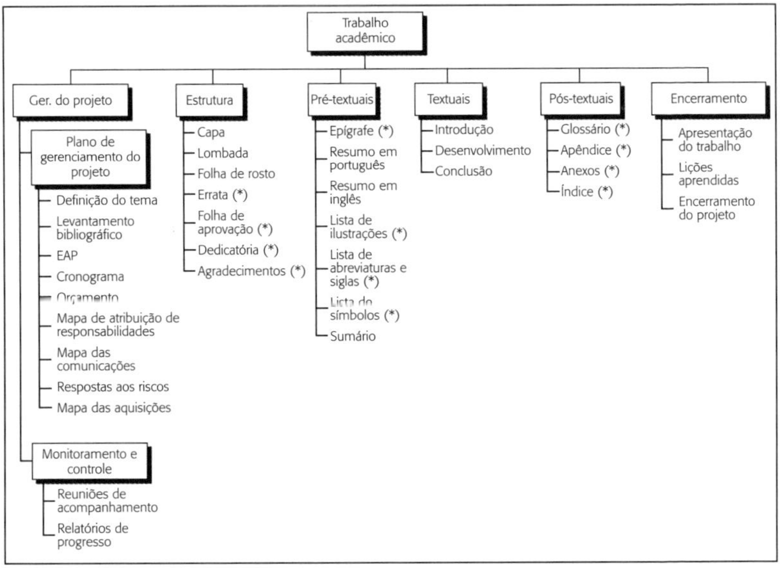


Quadro 13

**REPRESENTAÇÃO HIERÁRQUICA DA EAP**

| | |
|---|---|
| 1 | Nome do projeto |
| 1.1 | Ger. do projeto |
| 1.1.1 | Ger. do escopo |
| 1.1.2 | Ger. do tempo |
| 1.1.3 | Ger. de custos |
| 1.1.4 | Ger. da qualidade |
| 1.1.5 | Ger. de pessoal |
| 1.1.6 | Ger. das comunicações |
| 1.1.7 | Ger. de riscos |

*continua*

| | |
|---|---|
| 1.1.8 | Ger. das aquisições |
| 1.1.9 | Ger. da integração |
| 1.2 | Estrutura |
| 1.2.1 | Capa |
| 1.2.2 | Lombada (*) |
| 1.2.3 | Folha de rosto |
| 1.2.4 | Errata (*) |
| 1.2.5 | Folha de aprovação |
| 1.2.6 | Dedicatória (*) |
| 1.2.7 | Agradecimentos (*) |
| 1.3 | Pré-textuais |
| 1.3.1 | Epígrafe (*) |
| 1.3.2 | Resumo em português |
| 1.3.3 | Resumo em língua inglesa |
| 1.3.4 | Lista de ilustrações (*) |
| 1.3.5 | Lista de abreviaturas e siglas (*) |
| 1.3.6 | Lista de símbolos (*) |
| 1.3.7 | Sumário |
| 1.4 | Textuais |
| 1.4.1 | Introdução |
| 1.4.2 | Desenvolvimento |
| 1.4.3 | Conclusão |
| 1.5 | Referências |
| 1.6 | Pós-textuais |
| 1.6.1 | Glossário (*) |
| 1.6.2 | Apêndice (*) |
| 1.6.3 | Anexos (*) |
| 1.6.4 | Índice (*) |
| 1.7 | Fechamento |
| 1.7.1 | Fechamento de contratos |
| 1.7.2 | Lições aprendidas |
| 1.7.3 | Fechamento do projeto |

De acordo com Chaves (2010), algumas dessas entregas podem ser consideradas opcionais para o desenvolvimento de um trabalho acadêmico, mas por uma questão didática elas aparecem identificadas com asterisco (*).

Cada elemento em uma EAP é representado por um código de conta que irá servir para o planejamento, execução, monitoramento e controle do mesmo. Numa operação análoga ao centro de custo, podemos associar a esse código todas as alocações de recursos humanos, materiais e financeiros.

Outros critérios para decomposição, além das fases do ciclo de vida do projeto indicadas, podem se dar em função da tecnologia, dos pacotes de fornecimento, da questão da localização geográfica, dos requisitos organizacionais, de sistemas de informação etc.

## Os 10 mandamentos de uma EAP

Figura 10

**Os 10 mandamentos de uma EAP**

**Os dez mandamentos de uma EAP**

| | |
|---|---|
| I | – Cobiçarás a EAP do próximo. |
| II | – Explicitarás todas as entregas, inclusive as necessárias ao gerenciamento do projeto. |
| III | – Não usarás os nomes em vão. |
| IV | – Guardarás a descrição dos pacotes de trabalho no dicionário da EAP |
| V | – Decomporás até o nível de detalhe (pacote de trabalho) que permita o planejamento e controle necessário para a entrega do subproduto. |
| VI | – Não decomporás em demasia, de forma que o custo/tempo de planejamento e controle não traga o benefício correspondente. |
| VII | – Honrarás o pai |
| VIII | – Decomporás de forma que a soma das entregas dos elementos componentes (filho) corresponda à entrega do elemento pai (mandamento dos 100%). |
| IX | – Não decomporás em somente uma entrega. |
| X | – Não repetirás o mesmo elemento como componente de mais de uma entrega. |

Fonte: Xavier (2009).

*I — Cobiçarás a EAP do próximo*

Antes de criar a EAP a partir do zero, verifique se existem modelos padronizados na empresa, pesquise na literatura e em outras fontes disponíveis tais como websites de empresas especializadas em projetos. Entre em contato com outros profissionais de gerenciamento de projetos que tenham participado de projetos semelhantes ao seu. Você encontrará no anexo I uma série de exemplos de EAP e poderá obter outros exemplos em guias como o *Project Management Institute practice standard for work breakdown structures*, ainda sem tradução para a língua portuguesa (PMI, 2006).

*II — Explicitarás todas as entregas, inclusive as necessárias ao gerenciamento do projeto*

O escopo do projeto é composto exclusivamente pelos subprodutos expressos na EAP. Se não estiver na EAP não faz parte do projeto e, portanto, certifique-se de que todos os subprodutos estejam representados. Se durante o desenvolvimento do projeto for identificada alguma atividade que não esteja contribuindo com algum elemento da EAP, deve-se reavaliar a situação e incluí-la na EAP ou deixar de executar a atividade, pois ela não faz parte do escopo do projeto. Para incluí-la, devemos seguir os procedimentos definidos no processo de controle de escopo.

*III — Não usarás os nomes em vão*

Não devemos utilizar nomes que gerem dúvidas semânticas a respeito da entrega a ser efetuada. Utilize substantivos para representar cada entrega. Indique a entrega e não o seu processo de geração. Chamar a entrega de plano de resposta ao risco.

*IV — Guardarás a descrição dos pacotes de trabalho no dicionário da EAP*

Uma descrição clara e não ambígua dos pacotes de trabalho deverá estar definida no dicionário da EAP, que especifica com detalhes a entrega.

*V — Decomporás até o nível de detalhe (pacote de trabalho) que permita o planejamento e controle necessário para a entrega do subproduto*

O pacote de trabalho passa a ser referência em termos de planejamento e controle de tempo, custos, riscos, qualidade, aquisições, pessoas, comunicações e do próprio escopo do projeto.

*VI — Não decomporás em demasia, de forma que o custo/tempo de planejamento e controle não traga o benefício correspondente*

O custo do controle não pode exceder o benefício desse esforço. O nível de detalhamento da EAP deve ser definido em função da necessidade do projeto. A relação de custo/benefício no planejamento e controle da entrega deve ser privilegiada. Em um projeto que dure vários anos, como o de uma Copa do Mundo, não teremos pacotes de trabalho que durem apenas algumas horas.

*VII — Honrarás o pai*

Cada entrega da EAP deverá ser componente da entrega da qual ela foi decomposta (entrega-pai). Devemos verificar se não existem componentes que não tenham relação com a entrega imediatamente superior. Para capacitar o usuário no uso do *home-theater* precisamos de seu manual, o que não quer dizer que o manual seja uma entrega no pacote de trabalho.

*VIII — Decomporás de forma que a soma das entregas dos elementos componentes (filho) corresponda à entrega do elemento pai (mandamento dos 100%)*

Ao decompor uma entrega devemos nos certificar de que todas as entregas-filhas reunidas representem a totalidade de uma entrega-pai. Nenhuma entrega dependente deverá ser esquecida.

*IX — Não decomporás em somente uma entrega*

Não teremos filho único na EAP, uma vez que ele seria igual ao pai pelo mandamento anterior.

*X — Não repetirás o mesmo elemento como componente de mais de uma entrega*

Não podemos ter uma entrega que componha mais de uma entrega-pai. O fato de utilizarmos o mesmo manual do equipamento para dois treinamentos diferentes não nos habilita a colocá-lo como entrega-filha de ambos. Podemos ter entregas com o mesmo nome (por exemplo: documentação) em mais de uma entrega. Entretanto, no dicionário da EAP elas estarão descritas e, consequentemente, serão diferentes.

Uma vez observados esses 10 mandamentos, veremos de que forma a EAP se integra com as demais áreas de conhecimento em gerenciamento de projetos.

Ao gerenciar um projeto, podemos identificar a necessidade de aquisição a ser feita em função da análise de um risco cujo plano de resposta seja, por exemplo, a instalação de um equipamento de proteção, que deveria ser especificado como pacote de trabalho e detalhado no dicionário da EAP. Entretanto, outro pacote de trabalho deveria ser gerado para registrar a necessidade de geração de um contrato de aquisição do equipamento. Repare que uma necessidade irá gerar dois pacotes de trabalho em fases diferentes do ciclo de vida. Por exemplo: o risco de chuva em um churrasco gera uma necessidade de termos um toldo instalado na área descoberta da casa.

Há, portanto, uma alteração no escopo original que deverá ser aprovada. A entrega principal é o toldo fisicamente instalado, mas o contrato para a instalação do toldo passa a ser outra entrega (contrato assinado em papel) ou reserva do toldo. Essa entrega irá se desdobrar em atividades (tempo) para selecionar e contratar (aquisições) o toldo. Pode ser necessário avisar (comunicações) à equipe do local que em determinado dia/horário a empresa vencedora da concorrência estará instalando-o ou retirando-o. Uma vez contratado, devemos pagá-lo (custos). Durante sua instalação devemos alocar alguém (recursos humanos) para estar no local e prender o cachorro (risco) para que não haja um acidente com o instalador. Se a instalação for permanente, pode ser vital obter autorização do condomínio para que o toldo seja instalado, o que pode gerar uma necessidade de se seguir os padrões de qualidade (cor, tamanho etc.) especificados pelos condôminos. Repare que uma simples alteração no escopo é capaz de gerar impactos em todas as demais áreas de conhecimento, o que requer uma ação contumaz da integração do projeto.

Não existe uma regra que defina em quantos níveis o gerente de projetos deverá decompor sua EAP. O importante é que o nível adotado seja suficiente para especificar o que será gerado no projeto, de forma que as partes interessadas possam compreender e participar ativamente em suas atribuições. "Não é necessário que a EAP seja simétrica, ou seja, que todos os subprodutos sejam decompostos até o mesmo nível" (Xavier, 2009).

## Estratégia bottom-up (de baixo para cima) versus top-down (de cima para baixo)

Imagine que você seja convidado para organizar um show para gravar um CD/DVD ao vivo de uma nova banda. Como você nunca executou um projeto semelhante, você resolve assistir a um show em DVD para identificar quais as entregas finais (pacotes de trabalho) e, a partir delas, desenvolver a EAP do projeto. Você escolhe o DVD *One night only*, do Bee Gees, lançado pelos irmãos Gibb em 1997, e começa a identificar algumas entregas.

No show, realizado em Los Angeles, os três irmãos australianos apresentam os maiores sucessos de sua carreira desde a década de 1970. Durante a música *Grease*, trilha sonora do filme de mesmo nome, pode-se ver no telão parte do filme com John Travolta e seu par romântico Olivia Newton-John. Nesse momento ela aparece na plateia, bem mais velha, ao lado da filha, como convidada especial. O show apresenta, também, a participação especial da canadense Celine Dion, cantando o hit *Immortality*. O ritmo e a vibração dos Bee Gees não caem nem quando a música da vez é *Our love* (*Don't throw it all away*) quando é apresentado um videoclipe da vida de Andy Gibb e uma homenagem a esse irmão que faleceu aos 30 anos, em março de 1988. Ao final do show aparecem as legendas com os créditos aos produtores. Só nesse trecho você pode perceber quatro entregas que poderiam fazer parte de seu projeto: convidados especiais, participações especiais, videoclipes e créditos aos produtores.

O processo de estudar o resultado de um produto ou serviço e remontá-lo é conhecido como engenharia reversa. Foi apresentada anteriormente uma estratégia para elaboração de uma EAP, utilizando a técnica *top-down* (em que a elaboração da EAP é feita de cima para baixo). Para a engenharia reversa, trabalhamos com a abordagem *bottom-up* (de baixo para cima). O uso da abordagem *bottom-up* consiste em criar uma lista das entregas (*deliverables*) do projeto e depois ir agrupando-as até chegar ao nível 0 (nível de projeto) da EAP. Com essa abordagem, você pode perder um grande benefício: não conseguir uma visão completa do projeto, sendo possível esquecer algum subproduto. Vale a pena depois você validar a EAP de forma *top-down*.

Se você optar, em determinado projeto, por utilizar a abordagem *bottom-up*, aqui estão os passos para a construção da EAP:

1. liste as entregas (pacotes de trabalho) do projeto;
2. agrupe os pacotes de trabalho relacionados entre si para criar um nível acima que contenha de duas a oito entregas

por grupo. O nome do elemento superior, criado em razão do agrupamento, deve sintetizar as entregas dos elementos agrupados;

3. agrupe os elementos do nível mais alto, criado no passo 2, criando um nível acima, se possível, também contendo de dois a oito elementos;
4. repita o agrupamento até que você chegue ao nível de projeto;
5. revise a EAP perguntando se está faltando alguma entrega do projeto;
6. confira a EAP utilizando os 10 mandamentos citados.

Caso você tivesse tido acesso ao relatório de lições aprendidas do responsável pelo projeto do Bee Gees e aos demais documentos do evento, poderia adotar outra estratégia de desenvolvimento do projeto. As abordagens *top-down* e a *bottom-up* são as mais discutidas no mercado. Independentemente da abordagem adotada, devemos definir melhor as entregas e os critérios de aceitação.

## Dicionário da EAP

"Diga como me medirás que lhe direi o que farei". Essa definição aparece no dicionário da EAP, que é um documento complementar à EAP, que especifica cada pacote de trabalho dela. Ele apresenta uma breve especificação do pacote de trabalho e seu critério de aceitação. Os marcos (pontos de controle) e as atividades que serão acrescentadas durante o gerenciamento do tempo não são pacotes de trabalho, logo, não deveriam ser especificados no dicionário da EAP. Apesar de o PMI (2008) sugerir que todos os pacotes de trabalho estejam detalhados no dicionário da EAP, entendemos que projetos pequenos podem não ter essa obrigação, desde que o enquadramento do projeto na metodologia de gerenciamento de projetos da empresa indique esse documento como opcional.

Apresentamos no quadro 14 uma parte do dicionário da EAP do trabalho acadêmico que estamos utilizando como exemplo. As entregas hachuradas não serão especificadas pois não são pacotes de trabalho.

Quadro 14
**Exemplo de dicionário da EAP**

| EAP | Pacote de trabalho | Especificação da entrega | Critério de aceitação |
|---|---|---|---|
| 1 | Trabalho acadêmico | | |
| 1.1 | Ger. do projeto | | |
| 1.1.1 | Plano de gerenciamento do projeto | | |
| 1.1.1.1 | Definição do tema | O tema deverá ser relevante para o MBA que o aluno está cursando. | Ser aprovada pelo professor orientador. |
| 1.1.1.2 | Levantamento bibliográfico | Apresentar entre 10 e 50 referências que deverão ser citadas no desenvolvimento do trabalho. | Ser aprovado pelo professor orientador. |
| 1.1.1.3 | EAP | Deverá considerar como base de referência esta EAP, detalhar os textuais (1.4) e excluir as entregas não obrigatórias que não serão geradas. | Conter todas as entregas que deverão ser geradas e estar aprovada pelo professor orientador. |
| 1.1.1.4 | Cronograma | Apresentar cronograma com marcos de controle e com caminho crítico sinalizado. | Ser aprovado pelo professor orientador. |

*continua*

| EAP | Pacote de trabalho | Especificação da entrega | Critério de aceitação |
|---|---|---|---|
| 1.1.1.5 | Orçamento | Orçamento de aquisições do trabalho com reservas gerenciais e contingenciais. | Ser aprovado pelo professor orientador. |
| | (...) | | |
| 1.2 | Estrutura | | |
| 1.2.1 | Capa | Deverá conter o nome da instituição, nome do autor, título, subtítulo (se houver), número de volumes (se houver mais de um, deve constar em cada capa a especificação do respectivo volume), local (cidade) da instituição onde deve ser apresentado, ano de depósito (da entrega). Deverá ser usado o modelo de capa do curso do FGV Management disponibilizado ao aluno do MBA. | Ser aprovado pelo professor orientador. |

Para quem utiliza uma ferramenta como o MS/Project, podemos ver na figura 11 uma forma simples de implementação do dicionário da EAP, utilizando a aba <anotações> da caixa de texto <informações sobre a tarefa> disponível nessa ferramenta, que podem ser acessadas ao se clicar duas vezes sobre uma tarefa. O dicionário da EAP também pode ser implementado em um editor de textos ou planilha eletrônica.

Segundo Xavier e outros (2009), "é importante ressaltar que os marcos (pontos de controle) e atividades que são acrescentados ao projeto para o gerenciamento do tempo não são pacotes de trabalho e, portanto, não devem ser descritos no dicionário da EAP".

Figura 11
DICIONÁRIO DA EAP NO MS/PROJECT

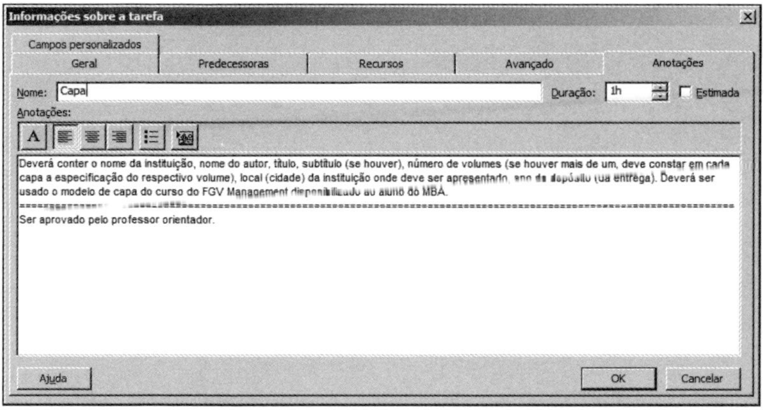


Neste capítulo, apresentamos um instrumento que facilita o entendimento do escopo do projeto. Ele é composto pela estrutura analítica do projeto e seu dicionário. A EAP representa quais entregas serão desenvolvidas pelo projeto e o dicionário da EAP detalha essas entregas apresentando uma especificação clara e os critérios de aceitação que aumentam a probabilidade de êxito durante a fase de verificação de escopo. O capítulo seguinte irá apresentar as boas práticas relacionadas ao processo de aceitação do escopo por parte do cliente.

# 5

# Verificar o escopo

Vimos até o momento como identificar e planejar, em detalhe, o escopo de um projeto. Precisamos, agora, garantir que o escopo planejado, e muitas vezes acordado com o cliente, seja cumprido e entregue. Devemos manter uma estreita supervisão sobre tudo o que for elaborado durante o desenvolvimento do projeto. A ação de supervisão dos resultados intermediários e finais do projeto, e os seus entregáveis, é denominada verificação do escopo. Este capítulo apresentará alguns conceitos e mecanismos importantes para garantir que as entregas do projeto possam ser ajustadas às necessidades do cliente e às capacidades de quem desenvolve o projeto. Várias dicas práticas compreendem o conteúdo deste capítulo.

## Monitoramento e verificação do escopo do projeto

Ações de monitoramento e verificação do escopo são aquelas que exigem o acompanhamento e certificação das condições e dos resultados que são obtidos durante a execução do projeto bem como a sua comparação com o que foi, anteriormente, planejado. O enfoque dado a essas ações é sobre o resultado obtido durante a execução do projeto. Esse resultado desejado, nos projetos, é representado pela linha de base, a referência, estabelecida após os ajustes durante o esforço de planejamento. As atividades do grupo de processos de controle e monitoramento, nas quais encontramos o desenvolvimento das ações destinadas a verificar o escopo, ocorrem concomitantemente às atividades de execução do plano do projeto.

É importante ressaltar que a verificação do escopo difere do controle de qualidade, uma vez que a verificação do escopo tem foco principal na aceitação das entregas, enquanto o controle da qualidade se interessa com a precisão das mesmas e pelo alcance dos requisitos de qualidade especificados para elas. Segundo o PMI (2008), o controle de qualidade é normalmente feito antes da verificação do escopo, mas os dois processos podem ser executados paralelamente.

As atividades de monitoramento e verificação são de responsabilidade direta do gerente de qualquer projeto. Exercidas por ele mesmo, em projetos pequenos, ou delegadas a uma equipe, em projetos maiores, essas atividades constituem uma de suas principais atribuições. Assim, estabelecer os mecanismos a serem empregados para o monitoramento das atividades, a análise das distorções existentes em relação ao planejado, bem como a intervenção para correção através da criação de soluções "recuperadoras" são atividades que estarão, em qualquer projeto, sob a estrita responsabilidade de seu gerente.

As ações de monitoramento e de verificação ocorrem em qualquer momento, quando existe o desenvolvimento de uma ação planejada previamente. A figura 12 demonstra essa afirmação e aponta — na sua área hachurada — uma das maiores e mais intensas interseções do desenvolvimento de um projeto. Algumas dessas ações são necessárias para que o escopo do projeto possa ser condizente com o que foi planejado ou que possa permitir os ajustes com as mudanças contextuais necessárias ao projeto.

Figura 12

**INTERSEÇÃO DAS ATIVIDADES DE CONTROLE E DE EXECUÇÃO EM UM PROJETO**

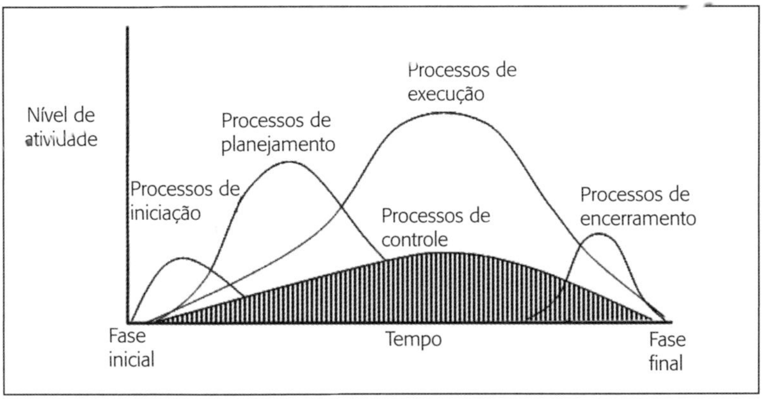


Fonte: PMI (2008).

Os processos de controle e monitoramento são importantes ao longo de todo o desenvolvimento do projeto. Já as atividades que permitem verificar o escopo, sendo atividades deste grupo, ocorrem, com maior frequência, durante a execução do projeto.

Durante a execução, as atividades do projeto são desenvolvidas e muitos profissionais e empresas se relacionam para que os resultados pretendidos para o projeto possam ser obtidos. Esses profissionais nem sempre estão imbuídos do mesmo espírito de fazer com que o projeto seja concretizado com sucesso. Isso não ocorre única e exclusivamente por algum traço da personalidade ou falta de motivação das pessoas mas, sim, pela dificuldade em:

- ter uma visão maior do projeto;
- entender a sua participação no todo do projeto;

- saber as consequências de suas ações para o projeto;
- compreender os reais requisitos e necessidades explicitados pelo cliente no início do projeto.

Assim, o gerente do projeto deve saber criar as condições para que os colaboradores do projeto possam contribuir para que a ação de controle seja mais bem desenvolvida.

O momento é especialmente importante — execução e controle — pois existe nesse período uma maior exposição do projeto ao cliente. Podemos dizer, em outras palavras, que existe um maior contato da equipe do projeto com a equipe do cliente, o que, de certa forma, expõe as partes e pode fragilizar as relações interpessoais e, consequentemente, o projeto.

Estabelecer um adequado relacionamento com o cliente é a chave para o sucesso de muitos projetos. É necessário, além dos prazos, orçamento e especificações, que o cliente fique satisfeito com o que foi e está sendo realizado no projeto.

## Momentos da verdade: a voz do cliente no projeto

Todo projeto existe para garantir que uma oportunidade seja aproveitada ou que uma necessidade seja atendida. Tais oportunidades ou necessidades traduzem o ponto focal da relação entre o projeto e o seu cliente. Assim, a satisfação do cliente é a base para o sucesso do projeto. É importante que tenhamos em mente que, em um mundo onde as informações fluem com enorme rapidez, uma boa reputação é fundamental para que relacionamentos se perpetuem.

Desenvolver um cliente demanda tempo e recursos, recuperar um cliente perdido exige muito mais. Nós sabemos de pesquisas que mencionam o impacto que um cliente insatisfeito traz para qualquer organização, o que pode gerar custos de difícil reposição. Um cliente insatisfeito divulga muito mais ampla e rapidamente a sua experiência do que o fazem os clientes satisfeitos — e isto, é claro, contamina a percepção dos potenciais clientes.

Quando falamos em garantir a verificação do escopo, estamos garantindo que o nosso cliente aceite o que foi gerado e produzido no projeto e nos demonstre a sua aceitação por meio de uma documentação capaz de registrar sua satisfação.

A aceitação dos resultados pelo cliente ocorre em momentos que denominamos "momentos da verdade". Eles podem ser figurados por um relacionamento direto entre o projeto, via de regra representado pelo seu gerente, e um representante do cliente. Os momentos da verdade, em um projeto, devem ser previamente planejados para que ambos possam programar seus recursos tanto para entregar os resultados quanto para inspecioná-los adequadamente. A figura 13 apresenta um dos mecanismos que podem facilitar a aceitação dos resultados do projeto pelo cliente.

Figura 13

**Criação de mecanismos de aceite parcial do projeto**

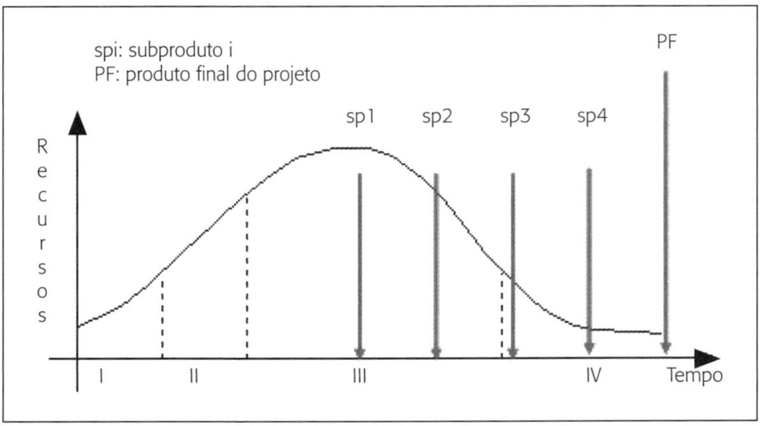


É mencionada na figura 13 a criação de subprodutos do projeto. Eles constituem entregas que podem ser verificadas pelo cliente por meio de suas quantidades, de suas funcionalidades e de sua integração com a solução final. Essas entregas constituem o ponto focal nos momentos da verdade. Traduzem o resultado que não pode, nem deve, ser mascarado pelo gerente do projeto e não deve ser menosprezado ou negligenciado pelo representante do cliente.

Logo, as entregas devem estar alinhadas com uma visão que vá ao encontro da satisfação do cliente. Tal satisfação é o resultado do desempenho do item que está sendo entregue, o que fará com que, como gerentes de projeto, devamos focar a superação de expectativas.

Diversas situações dependem da percepção que o cliente tem do resultado apresentado. Profissionais que atuam no gerenciamento do conhecimento denominam essa percepção de ressonância cognitiva, que traduz a compreensão do cliente para o que ele está recebendo. Outros profissionais da qualidade (Parasuraman, 1985) procuram definir a satisfação por meio de uma relação matemática. Assim:

$$\text{Índice de satisfação} = \frac{\text{desempenho percebido (DP)}}{\text{desempenho esperado (DE)}}$$

Portanto, se essa razão for menor do que 1, será um sinal de que o cliente está saindo insatisfeito com determinada entrega do projeto. Se o cliente tinha como perspectiva receber um subproduto que pudesse ser testado em 10 frentes de teste-piloto e, por qualquer razão, obteve apenas a metade dos itens, é um potencial cliente com índice de satisfação menor do que 1, ou seja, insatisfeito.

Se a razão DP/DE for maior do que 1 — o que deve ser a nossa perspectiva como gestores de projeto — o cliente estará satisfeito. Um cliente que aguarda um resultado que tenha um tempo de resposta no tratamento de determinado volume de informações em cinco dias, e recebe um produto que lhe possibilitará obter a informação em três dias, é um potencial candidato a ter seu índice de satisfação maior do que 1.

Atingir essa satisfação, embora seja nosso objetivo durante o desenvolvimento do projeto, encontra outras barreiras. Somos responsáveis por apresentar lucratividade no projeto, o que pode ser contraditório à superação das expectativas do cliente. Assim, como gerentes de projeto, devemos ser judiciosos nessa superação e saber que um I.S. igual a 1,1 pode representar melhores resultados para o projeto do que um I.S. igual a 1,5.

O mais interessante é notar que nem sempre o cliente se sentirá satisfeito ou insatisfeito por meio de fatores objetivos e quantitativamente mensuráveis. As percepções e expectativas são, muitas vezes, subjetivas. Isso nos leva a trabalhar, durante a verificação do escopo, com outra variável que denominamos contrato psicológico (Menezes, 2003). Ele representa o equilíbrio que deve existir entre o que o cliente gostaria de receber e aquilo que ele de fato recebe do projeto.

Esse contrato psicológico recebe esse nome porque não está registrado em lugar algum: nem ata, nem memorando, nem diário de bordo, nem e-mail. Ele vai sofrendo transformações à medida que o cliente evolui na percepção de sua necessidade. E a percepção evolui com o tempo em função de inúmeros fatores como:

- o mercado consumidor que passa a exigir produtos com outros atributos ou funcionalidades;
- mudanças nos volumes e demandas do mercado consumidor;
- legislações que sofrem mudanças;
- tributos que passam a onerar ou beneficiar certas soluções;
- pressões sociais — internas ou externas — ao cliente, que exigem um atendimento em prazo abreviado ou com menores custos ou preços;

- fatores econômicos como taxas de juros, câmbio, linhas de crédito, sanções, que obrigam o cliente a se posicionar diferentemente diante dos projetos contratados;
- mudanças tecnológicas no produto do projeto ou que sejam demandadas.

Gerentes de projeto devem estar atentos às evoluções e mudanças no contexto do projeto. Saber flexibilizar o escopo do projeto, documentar eventuais necessidades de mudança e iniciar negociações prévias são ações importantes para fazer frente a essas mudanças de percepção que tanto prejudicam os momentos da verdade e o aceite das entregas do projeto pelo cliente.

O gerente do projeto deve saber identificar os componentes nesse contrato psicológico, o que exigirá outras habilidades. O relacionamento entre o cliente e o projeto também é um fator importante para o equilíbrio desse contrato psicológico. Assim, saber ouvir, procurar entender e compreender as pressões que o cliente sofre é uma obrigação.

## A definição das entregas no projeto

A clareza na definição dos elementos que serão empregados nos momentos da verdade para melhor atender o contrato formal e o contrato psicológico, desenvolvido pelo cliente, é fundamental para o sucesso nas entregas parciais do projeto.

O gerente do projeto deve, portanto, estabelecer um adequado relacionamento com o cliente, que deve respeitar algumas regras importantes, como:

- as entregas estabelecidas no plano do projeto e no contrato;
- a documentação para solicitação e aprovação das mudanças no projeto;

- os mecanismos de comunicação como reuniões, atas e e-mails, como previsto no plano de comunicação.

Um dos mecanismos para que isso possa ser mais bem conduzido está no estabelecimento, ainda na fase de planejamento do projeto, das entregas do projeto. Elas devem ser claramente definidas para que a sua aferição possa ser feita de maneira indubitável. Uma forma prática para a identificação das entregas é por meio da estrutura analítica do projeto (EAP), que é orientada a resultados. Assim, os pacotes de trabalho devem permitir ao gerente do projeto identificar com clareza uma entrega. A figura 14 ilustra uma EAP que permite ao gerente do projeto identificar entregas úteis do projeto ao cliente.

Figura 14

**A EAP E SEUS PACOTES DE TRABALHO QUE PERMITEM A IDENTIFICAÇÃO DE ENTREGAS PARA O PROJETO**

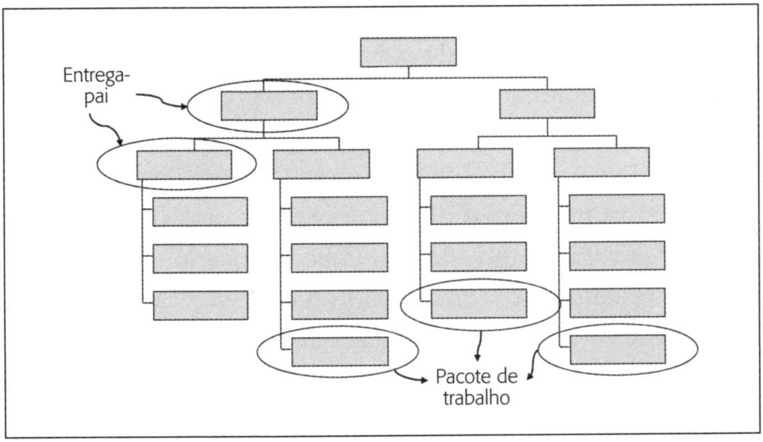


Algumas entregas, embora possam ser identificadas nos níveis superiores da EAP, devem ser identificadas nos pacotes de trabalho, para que possam ser mais bem administradas pelo gerente do projeto e ter elementos de controle bem especificados como datas de início e término; pessoas, equipamentos, materiais e instalações envolvidos na sua execução; atributos de qualidade da entrega; e produto ou serviço resultante (pacote de trabalho).

As entregas são ajustadas durante o planejamento do projeto até que tenhamos identificado as suas linhas de base.

Assim, tão logo tenhamos estabelecido as principais linhas de base do projeto — de prazo, de custos e de escopo —, devemos identificar as entregas. Algumas vezes elas estarão associadas a eventos de pagamento, especialmente se o cliente não apresentar dificuldades para honrar os seus compromissos com fornecedores. Outras vezes, estarão dissociadas de eventos de pagamento e servirão como instrumentos para avaliação do progresso e aprovação do trabalho e a sua aceitação.

As entregas devem ser elementos bastante concretos e facilmente identificáveis. Exemplo disso é a entrega de um produto, de um manual, ou de um serviço que possa ser operado, mesmo que em escala reduzida ou de testes. Não devem ser, jamais, elementos sujeitos a interpretações. Devemos evitar que as entregas correspondam a uma averiguação de percentual de progresso de determinada frente de trabalho ou determinado percentual de um aporte de capital necessário. Definições vagas como "desempenho adequado", "...que melhore o desempenho", "melhor do que..." são causadoras de inúmeras discussões entre gestores de projeto e seus clientes. As definições devem ser clarificadas, ajustadas e bem especificadas ainda no planejamento.

Um mecanismo que costuma ser de grande auxílio nessa definição é a agregação de vários subprodutos por término de fases do projeto. Vários resultados, como produtos, relatórios, testes, estruturas, manuais e treinamentos, são comprovados e devem ser aceitos pelo cliente como término de determinada fase.

## Como garantir as entregas no projeto

Este é um dos grandes desafios para qualquer gerente de projeto: garantir que o cliente irá avaliar e aceitar os resultados parciais e o final do projeto.

Os produtos para serem avaliados e aceitos ao longo do desenvolvimento do projeto devem ser acordados pelas duas partes. O gerente do projeto deveria, nesse particular, contar com um forte apoio de sua equipe técnica que, normalmente, reúne as informações que representam as melhores condições de identificação das entregas. Assim, um documento que reporte essas entregas e que figure não só na documentação do projeto, mas, também, no contrato firmado entre as partes, deve ser elaborado. Veja o documento explicitado na figura 14.

O gerente do projeto deve valorizar as informações que possui, tais como:

- as datas de início e término das atividades relacionadas a cada entrega podem sinalizar o momento em que devemos estar mais próximos aos nossos clientes;
- a distribuição dos gastos do projeto e seu fluxo de caixa podem indicar momentos de eventual fragilidade do cliente, do órgão financiador ou mesmo do nosso projeto;
- a EAP que apresenta um conjunto de entregas que devem ser geradas no projeto;
- o plano de gerenciamento das comunicações deve ser claro ao pontuar as responsabilidades, as mídias e os momentos em que a comunicação deve ser estabelecida com o cliente;
- o registro de riscos suscita as principais ocorrências esperadas que podem gerar pressões, seja para o gerente do projeto, seja para o cliente.

Durante a execução, cada vez que tivermos a oportunidade de apresentar uma das entregas ao cliente, estaremos objetivando a sua aceitação. Assim, como gerentes do projeto, devemos preparar adequadamente as condições para que o cliente possa fazer o aceite da maneira menos traumática possível. Por isso, esse processo exige um acompanhamento permanente do gerente do projeto. Em linguajar coloquial, poderíamos dizer que o gestor deve sempre "estar de olho no peixe que está sendo frito e observando o gato que circula pelo local".

Cada momento de entrega traduz o que já denominamos de momento da verdade. Frente a frente, representante do projeto e representante do cliente devem referendar o que está pronto e sendo entregue.

Para tais momentos é importante entender:

- as pressões que o cliente pode estar recebendo;
- suas solicitações anteriores que se referem à entrega;
- as limitações de prazo, orçamento e especificações;
- eventuais antecipações exigidas;
- mudanças em especificações.

Um dos elementos dessa preparação está na documentação do processo de aceite, mesmo que intermediário, por meio do termo de recebimento parcial (ou aceite parcial).

Uma vez que a entrega será feita ao cliente, é importante que o gerente do projeto tome todas as providências necessárias para que ela seja feita corretamente.

Antes de qualquer entrega o gerente deve se certificar de que a entrega está completa e respeitando as especificações ajustadas. Isso pode ser feito com o gerente do projeto e os especialistas envolvidos na geração do resultado ou com a sua chefia funcional imediata. Um procedimento saudável, em todo e qualquer projeto, é o de verificar *in loco* esses resultados. É importante que o gerente do projeto certifique-se das características da entrega, eventuais, ameaças, pontos fortes que o resultado tenha em suas características técnicas e/ou funcionais.

Uma vez que o gerente do projeto tenha verificado que o resultado pode ser entregue, ele deve se preparar e agendar a reunião formal para o encaminhamento dos resultados ao cliente.

Além do produto e da documentação técnica, o gerente do projeto deve providenciar um termo de recebimento para que, em conjunto com o cliente, ele possa assinar e atestar a aprovação do que está sendo entregue. Essas formalidades ajudarão a garantir que as entregas do projeto estejam prontas para ser apresentadas ao cliente e que sejam aceitas por ele.

O documento de entrega mencionado pode ser bastante simples, como mostra a figura 15.

Figura 15

**MODELO DE TERMO DE RECEBIMENTO PARA A IDENTIFICAÇÃO DE ENTREGAS PARA O PROJETO**

**Termo de recebimento**

Atestamos que recebemos os produtos a seguir discriminados e que estamos cientes de seu conteúdo e de acordo com a sua entrega.

| item | doc | descrição | comentários |
|---|---|---|---|
| | | | |
| | | | |
| | | | |
| | | | |
| | | | |
| | | | |
| | | | |
| | | | |

Desta forma firmamos, em conjunto, este termo de recebimento.

São Paulo, 12 de janeiro de 2005

____________________ gerente do projeto

____________________ representante do cliente

A elaboração desse documento deve considerar as particularidades de cada projeto. Em alguns casos é importante permitir que o cliente tenha um contato com as soluções e resultados que estarão sendo entregues formalmente com o termo de recebimento. Isso faz com que, em alguns projetos, representantes do cliente tenham acesso prévio aos resultados e possam validar as suas especificações técnicas, as suas funcionalidades, o seu empacotamento ou outras características importantes.

Esse mesmo termo de recebimento pode ser redigido para a entrega definitiva do projeto, denotando a transferência de responsabilidades do gerente do projeto para o responsável pela operação do produto ou resultado do projeto.

É recomendável que qualquer transferência de produtos, serviços ou resultados seja precedida de alguns cuidados. Suponha que tenhamos tido seis entregas parciais que antecedam à entrega definitiva do projeto. Além das entregas serem progressivas — para que o cliente tenha a oportunidade de reconhecer a agregação de valor dos resultados parciais do projeto à sua organização — recomendamos que as seis entregas parciais contenham todo, ou quase todo, o conteúdo do projeto. Outra recomendação importante refere-se ao aprazamento das entregas. Todas elas devem estar em consonância com a sua elaboração técnica disposta ao término de fases ou em períodos bem definidos. Cada entrega e seus respectivos termos de recebimento podem ter um período limite para retorno com a assinatura do cliente. Expirado o prazo, o aceite deve ser considerado positivo automaticamente. Uma recomendação prática é que a última entrega parcial deve estar muito próxima à entrega definitiva do projeto. O que deve separar uma da outra é apenas a documentação integrada do objeto do projeto. A última entrega parcial deve conter senão todos, quase todos os elementos que exijam alguma análise de valor da parte do cliente. Devemos deixar o mínimo de elementos para serem elaborados entre a última entrega parcial e a entrega definitiva do projeto. Isso permite que o representante do cliente assine com maior facilidade o termo de recebimento definitivo do projeto, sem muitas objeções ou observações.

No momento da entrega definitiva a assinatura do termo de recebimento funciona, para o cliente, como uma liberação da equipe do projeto. A sensação que muitos possuem é a de perda de apoio, como se houvesse um corte, uma interrupção do fornecimento. Isso se transforma na razão pela qual muitos clientes procuram reter e não assinar o termo de recebimento. Com tal atitude, embora incorreta, o representante do cliente manterá o gestor e alguns membros da equipe do projeto sob a sua égide até que se sinta confortável na utilização dos resultados do projeto.

Outro fator, além da indisponibilidade do corpo técnico da equipe do projeto, é o aspecto financeiro do projeto. Via de regra, está associado à assinatura do termo de recebimento definitivo o último pagamento do projeto. Assim, muitos clientes postergam a assinatura com o intuito de postergar o pagamento da entrega do projeto.

A não assinatura do termo de recebimento definitivo tem um forte efeito moral sobre o gerente do projeto que pode ser estendido ao restante da equipe.

Logo, a última entrega do projeto é um evento para o qual o gerente do projeto deve dedicar especial atenção. Preparar condições, verificar as principais partes interessadas e criar os mecanismos necessários para tudo funcionar bem é de importância vital para o projeto.

Se o gerente do projeto souber zelar pelas entregas — especialmente a última — terá vencido um dos grandes desafios no gerenciamento de projetos: o de permitir que o cliente se sinta satisfeito com os resultados que ele recebe ao longo do desenvolvimento do projeto.

Este capítulo trouxe à tona um dos mecanismos importantes para o controle do escopo de um projeto e para a garantia de recebimento do projeto pelo cliente. Essas atividades estão intimamente relacionadas com o controle do escopo, que cuidará do monitoramento e das eventuais mudanças de escopo que o projeto venha a sofrer, assunto do próximo capítulo.

# 6

# Controlar o escopo

Este capítulo fala sobre os mecanismos do grupo de processos de controle de um projeto que podemos empregar para o gerenciamento das mudanças do seu escopo. Entender o que é o controle e como ele é aplicado ao escopo é fundamental para que possamos acompanhar e atingir as referências do escopo do projeto.

Esse processo de controle do escopo complementa o de controle integrado de mudanças (PMI, 2008), responsável por encaminhar e integrar todas as mudanças que afetam o desenvolvimento do projeto.

O gerenciamento do escopo do projeto compreende, portanto, o controle do escopo. Na verdade, aqui temos um quesito político, que envolve muita habilidade no trato e negociação, pois sua maior orientação é fazer com que as mudanças propostas ou necessárias ajudem o projeto. Sua atuação está sobre os fatores de mudanças dentro do projeto e deve influenciá-las para que trabalhem em prol do projeto, garantindo que as eventuais mudanças sejam benéficas a ele.

O controle do escopo nos apresenta um conjunto de entradas processadas por meio da aplicação de algumas técnicas e ferramentas, gerando resultados no controle das mudanças de escopo. São diversas as entradas, técnicas, ferramentas e saídas do processo de controle de escopo (PMI, 2008).

## Entradas no processo

Essas entradas compreendem informações e documentos que devem alimentar o processo de controlar o escopo do projeto. Como toda atividade de controle, essa não é diferente, necessita de informações que se refiram ao planejado e de informações que demonstrem o que foi realizado no projeto. Essas são as principais entradas nesse processo de controle:

- plano de gerenciamento do projeto, contendo a linha de base do escopo, o plano de gerenciamento do escopo, das mudanças, da configuração e dos requisitos;
- documentação dos requisitos;
- informações sobre o desempenho no trabalho;
- ativos de processos organizacionais.

A declaração do escopo, como instrumento do planejamento, deve trazer com clareza o que é desejado como escopo do projeto: principais produtos ou entregas, suas características e definições que permitam avaliar os grandes produtos do projeto. A estrutura analítica do projeto e seu dicionário, instrumentos que já foram apresentados e detalhados, complementam a declaração de escopo, traduzindo todos os componentes do escopo do projeto em elementos menores e que podem ser administrados pelo gerente do projeto. O dicionário da EAP traz detalhes importantes sobre cada pacote de trabalho e que pode ser empregado como referência durante o controle das mudanças do escopo no projeto. Essas duas entradas portam as referências estabelecidas durante o planejamento do projeto.

Em contrapartida a esses instrumentos do planejamento, existem relatórios de acompanhamento que trazem as informações sobre os resultados que estão sendo obtidos durante o desenvolvimento do trabalho do projeto. Eles devem representar, sempre que forem emitidos, uma fotografia da situação real experimentada no projeto. A identificação de *gaps*, de diferenças entre o previsto e o realizado é analisada nesses relatórios e medidas corretivas são muitas vezes sugeridas, para permitir que os valores pretendidos inicialmente sejam encontrados. Essas mudanças virão por meio dos pedidos de mudança, feitos de maneira formalizada. Formulários como o de solicitação de mudanças, apresentado na figura 16, são regularmente empregados em empresas que possuem uma metodologia mínima para o gerenciamento de projetos.

O plano de gerenciamento do escopo, contido no plano de gerenciamento do projeto, instrumento obtido no planejamento, apresenta os produtos do projeto e como e quando gerenciar a sua obtenção e apresentação ao cliente. Ele representa e explicita todas as referências de escopo obtidas pelo detalhamento da estrutura analítica do projeto e quais devem ser empregadas no controle das entregas do escopo.

As solicitações de mudança de escopo devem ser formalizadas como parte do sistema de controle de mudanças do escopo do projeto, que será apresentado neste capítulo. Ele é iniciado com uma solicitação formal, depois com a análise dos seus possíveis impactos e, por último, deve receber a aprovação dos órgãos e/ou profissionais competentes e o aceite das mudanças por parte do cliente. Essa solicitação, aprovada e aceita, autorizará a implementação das mudanças no projeto.

Podemos empregar as informações sobre o desempenho dos recursos na condução dos trabalhos como um insumo importante para que o controle das mudanças de escopo possa ocorrer.

Entre os ativos de processos organizacionais que podem influenciar o controle do escopo temos políticas, procedimentos e diretrizes existentes, formais ou informais, relacionadas ao controle do escopo e métodos de monitoramento e informação a serem utilizados (PMI, 2008).

## O ciclo de controle do escopo

Existem várias técnicas e ferramentas que podem ser empregadas no controle das mudanças de escopo de um projeto. Destacamos duas: sistema de controle de mudanças do escopo e análise da variação.

Antes de explicitarmos esses mecanismos, salientamos que a função de controle é iniciada na concepção do projeto, antes mesmo de as atividades do projeto serem executadas. Toda atividade de controle passa por um ciclo de controle, como nos apresenta a figura 16.

Figura 16

CICLO DE CONTROLE EM UM PROJETO

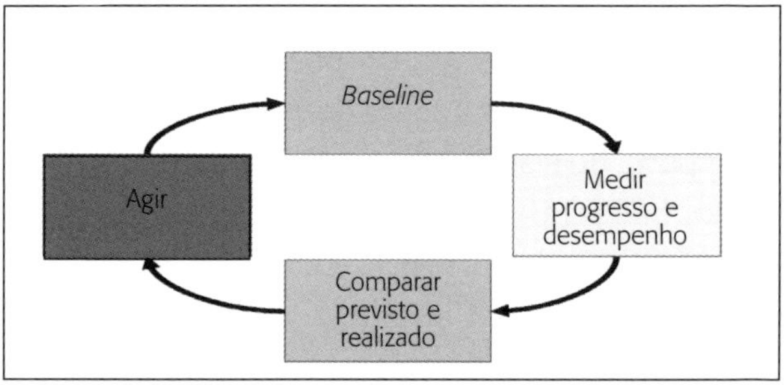


O controle de escopo exige alguns cuidados especiais. A definição de marcos por meio de resultados das entregas do projeto auxilia a pontuar o controle do escopo do projeto. Esses marcos podem estar dispersos pelo tempo, mas nem sempre são igualmente distantes. A frequência de controle do projeto nem sempre consegue cobrir as gerações de produtos e/ou serviços em escopo. Vale lembrar que os marcos não aparecem na EAP.

Ao observarmos o ciclo apresentado na figura 16 vemos que a principal entrada é uma adequada linha de base, uma adequada referência, que indique tudo o que é desejado no projeto. Respeitando essa linha de base podemos garantir que os resultados desejados no projeto serão obtidos. O passo seguinte, nesse ciclo, está na mensuração do progresso físico e financeiro e na avaliação do desempenho global do projeto. Essa mensuração exige o emprego de inspeção e todo um conjunto de ferramentas e técnicas específicas para capturar e transportar as informações do que foi realizado no projeto.

A comparação entre o previsto e o realizado consiste de ações de análise que exigem conhecimento técnico no entendimento da situação e na avaliação das diferenças encontradas. Assim, essa ação não é de responsabilidade única do gestor do projeto, mas deve contar com o trabalho dedicado dos especialistas. A análise dessas diferenças permitirá que alternativas de solução possam ser geradas e que sejam tomadas decisões que, quando implementadas, levem o projeto ao seu curso normal, previsto originalmente. O passo seguinte nesse ciclo de controle é o de executar a mudança, tomar ação e fazer com que as ações de retorno sejam implementadas.

## Mudanças de escopo

Trabalhar com controle do escopo quase sempre é lidar com o controle das mudanças de escopo. Quando falamos das mudanças, a sua origem se reporta a vários tipos de ocorrências:

- a falta de questionamento sobre uma solicitação inicial do cliente pode gerar uma má definição do projeto;
- uma definição pobre, insuficiente, sobre as necessidades do cliente e os requisitos — funcionais e técnicos — do projeto;

- pouca ou nenhuma comunicação com o cliente e seus usuários ao longo do desenvolvimento do projeto;
- mudanças na percepção do cliente sobre a sua real necessidade;
- mudanças na visão dos especialistas sobre o que pode ou o que deve ser oferecido ao cliente;
- mudanças nas condições políticas, econômicas, sociais, técnicas e mercadológicas que cercam e influenciam o projeto;
- mudanças sugeridas pelo gerente do projeto para fazer frente às mudanças nas restrições impostas ao projeto;
- mudanças propostas pelo gerente do projeto em função da não confirmação de premissas assumidas no início do projeto (recursos, produtividade, curva de aprendizagem etc.);
- ajustes propostos pelo patrocinador do projeto oriundos de alguma mudança na forma de relacionamento comercial com o cliente;
- troca de representante — técnico ou comercial — do cliente;
- evolução tecnológica que exija a aplicação de novos recursos;
- caprichos pessoais, do cliente ou mesmo dos especialistas ou do gerente do projeto.

Fazer um controle das mudanças de escopo deve significar, para a organização do projeto, um atributo de autoproteção.

O escopo é, sem sombra de dúvida, um dos elementos mais suscetíveis a mudanças ao longo do desenvolvimento de um projeto.

Assim, gerir as mudanças de escopo envolve a criação de mecanismos que sirvam como obstáculos às tentativas de mudança no escopo do projeto. É atribuição do gerente do projeto evitar ou minimizar as mudanças de escopo que tantos impactos desagradáveis trazem ao projeto, principalmente no que se refere à qualidade, aos recursos, prazos, riscos, custos e orçamentos.

Esse papel dependerá, entretanto, do tipo de contrato que estiver sendo aplicado ao projeto. Pensando em limites, se o contrato for por preço fixo (global ou *turn-key*), qualquer mudança no escopo do projeto pode impactar (diminuindo) a margem de lucro do projeto. Nesse tipo de contrato, portanto, o fornecedor (gerente do projeto contratado) tende a minimizar as mudanças de escopo para evitar esse efeito ou a necessidade de um número maior de pleitos reivindicando aditivos monetários ao projeto.

Em outro extremo, se o contrato for "por administração" (ou custos reembolsáveis), a posição do fornecedor se altera, pois quanto maior for o número de horas, de pessoas ou equipamentos, ou a quantidade de material alocado ao projeto, maior será o ganho da empresa que está no desenvolvimento do projeto (fornecedor). Assim, sempre que mudanças de escopo forem solicitadas, serão bem-vindas.

Gerir as mudanças de escopo é, portanto, uma atividade sensível à natureza do projeto e ao tipo de contrato estabelecido com o seu cliente.

O gerente do projeto deve ter em mente a necessidade de criar mecanismos que funcionem ao longo do ciclo de vida do projeto para registro das solicitações de mudança; as análises necessárias dessas solicitações; garantir o fluxo de informações relativo às mudanças; suportar o processo de tomada de decisões sobre as mudanças.

Todos esses mecanismos, embora sejam vistos por muitos como burocracia do projeto, servem para dar garantias importantes, tanto ao cliente quanto ao responsável pelo desenvolvimento do projeto.

Tais garantias referem-se:

- à origem da solicitação;
- à necessidade de condução da mudança;
- ao registro dos fatos geradores;
- à definição dos envolvidos em sua análise;
- à memória de cálculo empregada para avaliar o custo-benefício, o retorno das mudanças, os recursos envolvidos, o prazo necessário, as consequências sobre a qualidade e os riscos agregados ao projeto;

- à acumulação e registro de informações sobre a mudança;
- à distribuição dessas informações a todos os intervenientes necessários;
- à tomada de decisão — se favorável ou não, ou se sujeita a observações;
- à coleta das assinaturas dos responsáveis (técnico, financeiro, legal, gerencial) dentro de suas respectivas alçadas.

O registro de solicitação de mudança deve envolver informações como:

- data;
- local, atividade ou fase do projeto de ocorrência da mudança;
- estado de origem, antes da mudança, e estado de destino, depois da mudança implementada;
- grau de importância da mudança;
- solicitante.

Existem vários formatos para esse documento num projeto. A figura 17 nos mostra um exemplo de formulário para solicitação de mudanças.

Levantamentos sobre a situação e o fato gerador devem ser conduzidos para se definir:

- ações necessárias para efetivar as mudanças;
- recursos que devem ser aportados — humanos, materiais, financeiros;
- aprazamento para as mudanças;
- impacto da mudança sobre o prazo do projeto;
- outros impactos possíveis — qualidade, riscos, confiabilidade e funcionalidade da solução;
- benefícios a serem obtidos com a mudança.

As informações devem, então, ser analisadas para servir como subsídio à tomada de decisão que pode ser gerencial, estratégica ou mesmo uma regra do negócio.

## Figura 17
### Exemplo de formulário para solicitação de mudanças no projeto

<table>
<tr><td colspan="4">Solicitação de mudança em projeto</td></tr>
<tr><td colspan="2">Nome do projeto:</td><td>Submetido por:</td><td>Mudança número:</td></tr>
<tr><td colspan="2">Requisitado por:</td><td>Nome atividade:</td><td>Data solicitação:</td></tr>
<tr><td rowspan="2">Impacto</td><td>Alto</td><td>Médio</td><td>Baixo</td></tr>
<tr><td></td><td></td><td>X</td></tr>
<tr><td colspan="4">Descrição da mudança</td></tr>
<tr><td colspan="4">Para compras de ativos básicos (ex.: materiais de informática, materiais de escritório) será contratada uma empresa de e-procurement que deverá assumir as atribuições de compra/contratação dos serviços. Assim, a atividade de aquisição deixa de ser atribuição exclusiva do coordenador de compras e passa a ser também da empresa de e-procurement contratada.</td></tr>
<tr><td colspan="4">Motivação da mudança</td></tr>
<tr><td colspan="4">O coordenador de compras está alegando sobrecarga de trabalho para poder aceitar determinadas atribuições e responsabilidades no projeto.</td></tr>
<tr><td colspan="4">Descrição do impacto</td></tr>
<tr><td>Escopo do projeto</td><td colspan="3">Não aplicável</td></tr>
<tr><td>Orçamento</td><td colspan="3">Impacto mínimo: ganhos e comissões da empresa de e-procurement deverão ser em função da margem sobre a contratação e compra efetuada.</td></tr>
<tr><td>Cronograma</td><td colspan="3">Não aplicável</td></tr>
<tr><td>Plano de qualidade</td><td colspan="3">Aprovação do coordenador de compras das propostas (técnica/comercial) emitidas pela empresa de e-procurement. Aprovações dos itens fornecidos em função das especificações técnicas e orçamentárias.</td></tr>
<tr><td colspan="4">Assinaturas e aprovações</td></tr>
<tr><td colspan="2">Assinatura cliente<br>Data: / /</td><td colspan="2">Assinatura gerente de projeto<br>Data: / /</td></tr>
</table>

Um fluxo de informações deve ser desenhado de forma que permita envolver as partes interessadas necessárias tanto no levantamento quanto nos processos de análise e de tomada de decisão. Esse fluxo deve ser o mais simples, porém completo, que garanta integridade na análise da solicitação da mudança.

Um exemplo de fluxo bastante simples pode ser visto na figura 18.

Figura 18
**EXEMPLO DE FLUXO DE INFORMAÇÕES PARA CONTROLE DE MUDANÇAS**

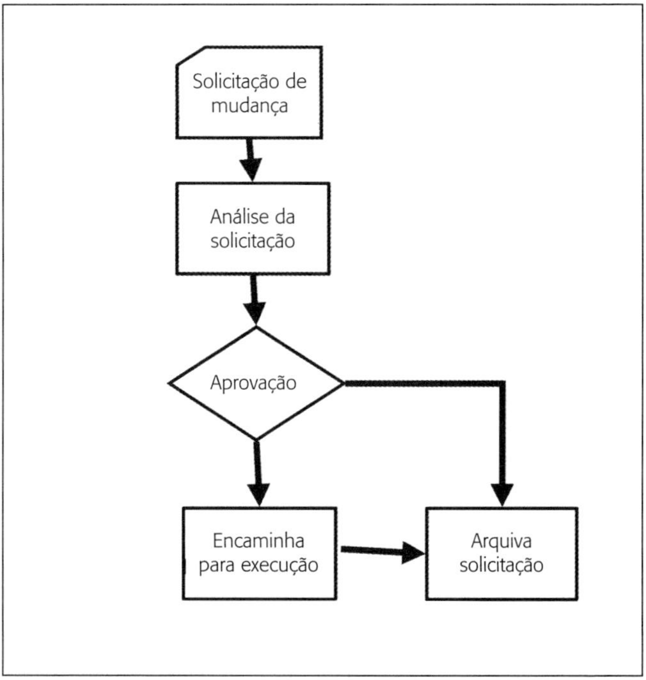


Por vezes, a análise das solicitações de mudança transcende a responsabilidade ou capacidade do gerente do projeto ou dos líderes técnicos. Nesse caso podemos constituir no projeto o que denominamos comitê de controle de mudanças, que deve ter a responsabilidade de julgar a pertinência da mudança e de sua solicitação.

Esse comitê é formado por partes interessadas que tenham a competência técnica e hierárquica para decidir pela aceitação ou pela rejeição da mudança. Grandes projetos chegam a ter diversos comitês, em função das especialidades envolvidas.

A tomada de decisão sobre a mudança deve ser seguida pela distribuição da informação a todos os intervenientes a ela envolvidos.

No âmbito do gerenciamento do projeto, planos interinos são desenvolvidos para poder acomodar as mudanças de escopo no projeto e permitir um retorno às linhas de base estabelecidas.

Autorizações e aprovisionamentos devem ser feitos, mobilizações de recursos e ação executiva devem ser conduzidas até que a mudança de escopo seja processada e produza os efeitos desejados.

Um procedimento importante é a averiguação dos resultados atingidos. Nem sempre os resultados desejados são os obtidos e, aí, outras ações corretivas devem ser avaliadas e implementadas no projeto.

O gerente do projeto é, em primeira instância, o grande responsável pela entrega e pelo monitoramento dos elementos de escopo do projeto. Como o controle do escopo, por vezes, exige um conhecimento técnico específico, ele pode suportar a sua tomada de decisão em auditorias técnicas realizadas por especialistas na área.

Um escritório de projetos pode, também, auxiliar o gerente do projeto no fornecimento:

- de suporte à definição dos elementos de controle do escopo;
- da documentação necessária e vital para o controle do escopo;

- de apoio às intervenções do gerente do projeto no âmbito do escopo;
- no estabelecimento de um plano de comunicação que contemple as ações de controle de escopo.

A condução de mudanças no escopo do projeto em conjunção com outras ações de controle são, via de regra, necessárias para que os objetivos do projeto possam ser atingidos.

O sistema de controle do escopo define os procedimentos para que ele seja alterado. Deve estar integrado ao sistema geral de controle do projeto e toda a equipe deve ter conhecimento dos documentos. Esse sistema controla todo tipo de mudança do projeto e assim deve também estar de acordo com o contrato firmado com o cliente.

Todas as mudanças e suas causas devem ser documentadas e comunicadas. Uma análise posterior dessas informações gera resultados positivos a ser aplicados no gerenciamento de projetos. Esse procedimento de análise — feito, em geral, pela equipe do projeto — pode receber uma estrutura e é chamado de lições aprendidas. As mudanças são analisadas e procura-se depreender delas aquelas ações que, quando adotadas, geraram melhorias substanciais ao desenvolvimento do projeto. Essas ações deverão, sempre que possível, ser reaplicadas no projeto em curso ou em outros futuros. Já as mudanças oriundas por desvios ou erros no projeto deverão ser analisadas e gerarão recomendações para a melhoria dos projetos.

As lições aprendidas caracterizam-se por gerar um grande histórico do projeto para consultas como base de orientação em decisões futuras do projeto atual ou em outros projetos.

## Finalizando o controle do escopo

Durante todo o desenvolvimento de um projeto é importante desenvolver as atividades, utilizar documentos e processos decisórios que permitam fazer o controle para a obtenção dos resultados desejados. Um dos controles, como vimos, é realizado sobre o escopo do projeto.

Acompanhadas as mudanças de escopo, será importante atualizar a documentação do projeto.

A declaração de escopo deve compreender os novos produtos ou soluções solicitadas e que foram aceitas pela equipe do projeto e/ou pelo cliente. Já a estrutura analítica do projeto, seus respectivos pacotes de trabalho e detalhamento, por meio do seu dicionário, também precisam ser atualizados caso alguma alteração de escopo tenha sido implementada. Isso provocará uma alteração na referência na linha de base do escopo, que deverá ser registrada para o gerenciamento do escopo como parte importante do projeto.

Alguns processos organizacionais podem sofrer ajustes com as mudanças oriundas de alterações de escopo. Informações transformadas em lições aprendidas e que deverão ser úteis para o projeto em questão e para outros projetos da organização deverão ser documentadas. Essas novas informações geram ativos importantes para toda a organização.

O plano para gerenciamento do projeto, portador de todas as referências, também poderá ser atualizado quando ocorrerem mudanças no escopo do projeto.

É óbvio que algumas alterações de escopo não gerarão alterações na documentação do projeto. Várias delas serão resolvidas por meio de planos interinos e os eventuais desvios poderão ser corrigidos por ação gerencial sem que seja necessário qualquer ajuste em documentos e processos.

O controle do escopo também é gerador de novas solicitações de mudança nesse âmbito. Segundo o PMI (2008), as solicitações de mudança podem incluir:

- ação corretiva — orientação para que o trabalho do projeto seja executado de modo que o desempenho futuro fique de acordo com o planejado;

- ação preventiva — orientação para realizar uma atividade que pode reduzir a probabilidade de consequências negativas associadas aos riscos;
- reparo de defeito — a identificação de um defeito em um componente, com a recomendação para reparar o defeito ou substituir completamente o componente;
- atualizações — mudanças em documentações formalmente controladas, planos etc.

O processo de controlar o escopo representa a aprovação das ações corretivas, sendo um dos fatores específicos que devem ser controlados visando ao sucesso do gerenciamento do escopo.

## Fatores críticos no gerenciamento do escopo

### *Planejamento do projeto*

Planeje detalhadamente as etapas iniciais do projeto, porque isso é a chave para o sucesso na execução do projeto. Depois, defina o escopo na fase inicial do projeto, pois não importa quanta experiência o gerente de projeto tenha, é difícil compensar a falta de definição inicial do escopo em etapas posteriores.

Use uma abordagem padrão para o projeto, se possível, mas garanta atenção aos requisitos negociais das partes interessadas e que o cliente tenha uma definição clara do que o projeto requer, para minimizar a probabilidade de numerosas mudanças durante o ciclo de vida do projeto.

Não hesite em questionar os anseios do cliente que aparentemente não têm relação com a resolução do problema.

Descreva as restrições e premissas na declaração do escopo e revise-as periodicamente. E não esqueça de incluir uma seção detalhando o que está fora do escopo.

Evite questões abertas como "a melhor tecnologia disponível" ou "melhor esforço", pois podem ter uma interpretação muito ampla.

Certifique-se de que alguns componentes críticos estejam descritos no plano de gerenciamento do projeto: a declaração de escopo (com as responsabilidades de cada parte), a EAP e o dicionário da EAP, além do plano de gerenciamento do escopo contendo um processo de controle de mudanças.

### *Definição do escopo*

Quanto mais completa a estrutura analítica do projeto, melhores serão as estimativas e mais completa a análise de risco. Quanto mais alto o nível da EAP, mais riscos deverão ser planejados para tarefas que podem ter sido negligenciadas.

Durante o processo de definição de alternativas, a equipe do projeto deve avaliar se alguma solução pode envolver subcontratados.

Siga um processo rigoroso de desenvolvimento da EAP, associado com pessoal experiente em fazer estimativas, uma vez que são críticos para produzir um cronograma realístico para o projeto.

Quando definindo o escopo (as entregas do projeto), procure fazer a pergunta: como vamos avaliar a conclusão dessa tarefa e como vamos comprovar que ela está feita? Esse processo auxilia a definição de entregas claras. Não é saudável produzir entregas que não estejam previstas no plano (*goldplating*).

Se as entregas dependem de trabalho a ser entregue pelo cliente ou subcontratados, esteja certo de que tais dependências estejam descritas.

### *Verificação do escopo*

Revise o escopo e as entregas com o cliente, bem como o cronograma resultante e estabeleça um procedimento para controle e gerenciamento de questões em aberto.

*Controle do escopo*

Verifique para que todas as requisições de mudança sejam documentadas formalmente e registradas apropriadamente.

Mudanças podem expandir, reduzir ou modificar o escopo do projeto. Verifique se as mudanças do escopo mudam os objetivos de custo, prazo e qualidade, entre outros.

Não implemente nenhuma mudança sem que uma análise de impacto tenha sido conduzida. A mudança deve ter sido discutida por todos os envolvidos e aceita principalmente pelo patrocinador. Nenhum trabalho de implementação de mudança deve ser iniciado sem autorização formal.

Quando surge um problema que vai ocasionar uma mudança inevitável em uma das entregas planejadas, esteja certo de que a situação seja apresentada ao cliente e outras partes interessadas apropriadas, junto com opções para reduzir o impacto.

Não realize expansões do escopo como "compensação" pelo cliente ter aceito um atraso no cronograma ou outra concessão.

Gerencie as mudanças de modo a garantir que quaisquer mudanças no escopo acordado estejam alinhadas com mudanças no cronograma, no orçamento e no valor do contrato. Inclua mudanças ou atrasos no cronograma causados pelo cliente ou outras fontes externas como base legítima para solicitações de mudança. Implemente esse processo o mais cedo possível e torne-o parte normal da gerência do projeto.

Tivemos contato neste capítulo com o controle do escopo, da abrangência do projeto. Ele é um elemento fundamental para ser gerenciado. A sua mudança pode representar muito para um projeto, desde um mero e pequeno atraso até uma grande mudança no projeto. Assim, vimos que as ações de controle do escopo são importantes para manter as variações de produtos e serviços devidamente administrados.

A documentação desse processo é vital para a manutenção dos ativos organizacionais no âmbito dos seus projetos. Pudemos verificar isso ao analisar o escopo como um fator-chave de sucesso para o projeto.

# Conclusão

Martin Cobb, da Secretaria do Tesouro do Canadá, formulou o chamado Paradoxo de Cobb: "Nós sabemos que os projetos falham, nós sabemos como prevenir a sua falha — então por que ainda assim eles falham?" (Cobb, 1996:1).

Como garantir o sucesso do projeto? Ele está intimamente ligado a assegurar que o projeto vai satisfazer as necessidades para as quais foi criado, ou seja, gerenciar a qualidade. Isso envolve levantar em detalhes e especificar formalmente as necessidades explícitas e implícitas dos clientes, usuários e outras partes interessadas importantes, validá-los com essas partes interessadas e comprometer-se a entregar o que foi especificado (nada a mais). Assim, vamos atingir as expectativas mutuamente acordadas, garantido a satisfação dos clientes. A qualidade define as necessidades do cliente e a EAP define como vamos entregá-las.

As equipes de projetos à frente de um número crescente de projetos simultâneos relevantes para a sua organização precisam, dentro de prazos exíguos, lidar com mudanças frequentes, visando tanto ao atendimento das expectativas das partes interessadas quanto à superação da concorrência.

O sucesso do projeto pode depender de fatores variados. A seguir estão listados fatores de sucesso em projetos (Kimons, 2001):

- definição adequada e precisa do escopo;
- boa definição e priorização das razões para se fazer o projeto;
- entendimento dos riscos potenciais que podem afetar o projeto;
- um bom plano de gerenciamento dos riscos;
- projeto adequado para medir o desempenho durante o andamento do projeto de cada um dos indicadores associados aos objetivos;
- a confecção de um plano de execução logo após a definição da estratégia do projeto;
- início imediato da execução de um plano de recuperação quando detectados desvios do realizado em comparação com o projetado;
- incorporação rápida de cada mudança aprovada de escopo;
- relatórios periódicos de posição adaptados aos interesses dos interessados no projeto.

Vemos, então, que o planejamento e a definição precisa do escopo são críticos para o sucesso do projeto como um todo.

O quadro 15 lista algumas recomendações relativas ao que fazer e não fazer para garantir o sucesso do gerenciamento do escopo do projeto.

Quadro 15

**RECOMENDAÇÕES PARA O SUCESSO DO PROJETO**

| O que fazer | O que nunca fazer |
|---|---|
| Identificar, validar e comunicar os objetivos do projeto — quais e em que medida propósitos de negócio são suportados por ele? | Concordar com qualquer mudança de escopo sem aprovação das partes interessadas, particularmente patrocinador e cliente. |
| Assegurar-se que esses objetivos são realistas, condizentes com os limites ou fronteiras de atuação do próprio projeto. | Comprometer-se a cumprir requisitos que você não tem condições de cumprir. |
| Reconhecer o escopo de outros projetos — acordar fronteiras e evitar duplicação de tarefas ou responsabilidades. | Permitir que as partes interessadas tenham expectativas não realísticas. |
| Garantir que todas as partes interessadas principais concordem e entendam o escopo do projeto. | Eliminar atividades de teste, qualidade etc., para atender às restrições de tempo e custo do projeto; ou desconsiderar qualquer esforço que faça parte do escopo do projeto, como, por exemplo, treinamento ou implementação. |
| Se tempo é crítico, buscar consenso sobre que funcionalidade pode ser deixada de fora. | Tratar o gerenciamento das partes interessadas como uma tarefa de baixa prioridade. Esse é um dos fatores mais críticos para o sucesso do projeto. |
| Garantir que sua análise das partes interessadas é abrangente, constantemente revisada, de modo a identificar novas partes interessadas ou prioridades, e compartilhada com sua equipe. | Achar que não há nada a ser comunicado. |
| Estar certo de entender como as partes interessadas veem seu projeto. | Ignorar partes interessadas que têm poder e se opõem a suas iniciativas, na esperança de elas irem embora. |
| Adaptar as estratégias de influência e comunicação para atingir as necessidades de cada indivíduo ou grupo.<br>Usar grupos de aliados para influenciar positivamente os indecisos. | Permitir que oponentes sabotem sua estratégia. |
| Verificar se as partes interessadas estão de acordo com eventuais mudanças no escopo do projeto. | Assumir que a resistência é causada pela falta de informação e pode ser revertida por argumentos lógicos. |

Há inúmeros benefícios em confrontar o cotidiano de forma realista, com método e disciplina, e tendo como referência as boas práticas de gerenciamento de projetos (Clark, 1997):

- incremento médio de 35% de produtividade por conta da melhor alocação dos profissionais;
- aumento médio de 22% na detecção precoce de desvios;
- 19% de redução média no *time-to-market* dos produtos;
- 39% de redução média dos problemas reportados após o lançamento.

Vimos que o gerenciamento do escopo é fundamental para determinar corretamente as atividades a serem desenvolvidas no projeto de modo a se produzir as entregas previstas. Estas devem ser claramente definidas e acordadas, seguindo um processo formal. Assim, o processo de gerenciamento do escopo deve ser conduzido com precisão e detalhe, uma vez que o escopo do projeto forma a base do trabalho a ser feito e a base do que vai ser cobrado do cliente. A falha em definir com previsão o que deve ser feito vai, provavelmente, impactar o lucro de um projeto, ou pior, resultar em entregas que o cliente se recusa a aceitar. Não se deve assumir que o trabalho descrito na especificação ou na solicitação de proposta representa uma definição clara do trabalho que deve ser feito na realidade.

É importante começar tendo-se em mente o final do projeto. Como determinado componente contribuirá para a entrega final? A correta avaliação das expectativas explícitas e implícitas do cliente e das demais partes interessadas está na base do processo de qualidade e essas expectativas devem ser gerenciadas para o sucesso do projeto. Não é possível dar margem a mal-entendidos ou pressuposições errôneas. As intenções do cliente devem estar formalizadas na declaração do escopo e detalhadas na estrutura analítica do projeto e em uma matriz de acompanhamento dos requisitos.

Quando há diferença entre o escopo definido e acordado e o trabalho que deve ser feito, é fundamental que os processos de controle de mudanças sejam implementados. As mudanças fazem parte do processo e geralmente são inevitáveis. O processo de controle de mudanças, sem dúvida, introduz um certo nível de burocracia no processo e como as pessoas não gostam de burocracia acabam não investindo no controle de mudanças. O sistema de controle de mudanças deve instituir, sem margem para dúvidas, a burocracia necessária para que as mudanças sejam encaradas como parte normal do ciclo de vida do gerenciamento de projetos.

É importante lembrar que a falta de controle, muitas vezes, está no processo de comunicação e não nos mecanismos de acompanhamento do escopo. É necessário resolver questões ligadas ao escopo tão cedo quanto possível, a fim de evitar a insatisfação do cliente, patrocinador ou outra parte interessada. Para minimizar a chance de que isso ocorra, comunicação regular e detalhada deve ser mantida entre a equipe do projeto e os clientes durante o desenvolvimento da declaração do escopo. A declaração de escopo deve ser formalmente aprovada pelo cliente principal para que se torne a fundação da linha de base do projeto.

Por fim, lembre-se que é importante endereçar as mudanças tão cedo quanto possível. Nós todos reconhecemos que os projetos estão sendo desenvolvidos em um mundo em mutação. Isso significa que as mudanças vão ocorrer no projeto. Não tenha medo delas. Tente transformá-las em uma situação "ganha-ganha", tanto para a equipe do projeto quanto para os clientes, e garanta o sucesso de seu projeto de vida.

# Referências


ABNT (Associação Brasileira de Normas Técnicas). *NBR ISO 10006 — Gestão da qualidade — diretrizes para a qualidade na gestão de projetos*. 2. ed. Rio de Janeiro, 2006.

AUGUST, Judy H. *JAD*: Joint application design. São Paulo: Makron Books, 1993.

BARRA, Ralph. *Trabalho em grupo*: guia prático para formar equipes eficazes. Rio de Janeiro: Qualitymark, 1993.

CHAVES, Lucio Edi et al. *Gerenciamento da comunicação em projetos*. 2. ed. Rio de Janeiro: FGV, 2010.

CLARK, Bradford K. *Effects of process maturity on development effort center for software engineering*. EUA: University of Southern California, 1997. Disponível em: <http://sunset.usc.edu/~bkclark/Research/PMAT990406.pdf>. Acesso em: 25 nov. 2005.

COBB, Martin. Unfinished voyages: a follow-up to the chaos report. *Standish Group Report*, 1996. Disponível em: <www.standishgroup.com/sample_research/unfinished_voyages_1.php>. Acesso em: 17 nov. 2003.

DE BONO, Edward. *O pensamento lateral na administração*. São Paulo: Saraiva, 1994.

DO VALLE, André Bittencourt et al. *Fundamentos de gerenciamento de projetos*. Rio de Janeiro: FGV, 2006.

FOURNIER, Roger. *Guia prático para o desenvolvimento e manutenção de sistemas estruturados*. São Paulo: Makron Books, 1994.

KEELING, Ralph. *Gestão de projetos*: uma abordagem global. São Paulo: Saraiva, 2002.

KERZNER, Harold. *Project management*: a systems approach to planning, scheduling and controlling. 10. ed. EUA: John Wiley & Sons, 2009.

KIMONS, Robert L. *Picking projects for profitability*. PM Network, 2001.

KOTLER, Philip. *Administração de marketing*: análise, planejamento, implementação e controle. 3. ed. São Paulo: Atlas, 1993.

MARSHALL JUNIOR, Isnard et al. *Gestão da qualidade*. Rio de Janeiro: FGV, 2003.

MAXIMIANO, Antonio Cesar Amaru. *Administração de projetos*: como transformar ideias em resultados. 2. ed. São Paulo: Atlas, 2002.

MENEZES, Luís César de Moura. *Gestão de projetos*. 2. ed. São Paulo: Atlas, 2003.

NASA. Best of Nasa documentary. EUA: National Aeronautics and Space Administration, 2001.

PARASURAMAN, A.; ZEITHAML, V. A.; BERRY, L. L. *A conceptual model of service quality and its implications for future research*. Cambridge: Marketing Science Institute, 1985.

PMI. *Practice standard for work breakdown structures*. 2. ed. Pennsylvania: Project Management Institute, 2006.

______. *A guide to the project management body of knowledge (PMBOK®)*. 4. ed. PMI Standard — Ansi, 2008.

PMI-BR. *Estudo de benchmarking em gerenciamento de projetos Brasil 2008*. Disponível em: <www.pmi.org.br/benchmarking/2008/00Benchmarking_GP_2008_Visao_Geral.pdf>. 2008. Acesso em: 10 out. 2009.

SALLES JR. et. al. *Gerenciamento de riscos em projetos*. 2. ed. Rio de Janeiro: FGV, 2010.

THE STANDISH GROUP. *Chaos Summary 2009*. Disponível em: <www.standishgroup.com/newsroom/chaos_2009.php>. Acesso em: 10 out. 2009.

WEISS, Brian A. *Certification update PMI Leadership Institute Meeting 16/maio/2009*. Disponível em: <http://componentleadership.pmi.org/maymeeting2009/Documents/Certification-Weiss.pdf >. Acesso em: 10 set. 2009.

XAVIER, Carlos Magno da Silva. *Gerenciamento de projetos*: como definir e controlar o escopo do projeto. 2. ed. São Paulo: Saraiva, 2009.

______ et al. *Metodologia de gerenciamento de projetos — methodware®*: abordagem prática de como iniciar, planejar, executar, controlar e fechar projetos. 2. ed. Rio de Janeiro: Brasport, 2009.

______ et al. *Gerenciamento de aquisições em projetos*. 2. ed. Rio de Janeiro: FGV, 2010.

# Apêndice

## Exemplos de EAP

Os exemplos a seguir são ilustrativos apenas, uma vez que a equipe de gerenciamento do projeto pode optar por outras formas de decomposição do escopo do projeto.

O item "ger. de projeto", que contém as entregas necessárias para um adequado gerenciamento do projeto, não foi detalhado, uma vez que se repete em todos os exemplos de EAP apresentados.

### *Projeto de uma festa de 15 anos*

1 Festa de 15 anos
1.1 Ger. do projeto (não detalhado aqui para não ficar repetitivo)
1.2 Preparação do evento
1.2.1 Reunião para seleção de tema, data e local
1.2.2 Lista de convidados
1.2.3 Definição do limite de orçamento

| | |
|---|---|
| 1.2.4 | Contratação de materiais e serviços |
| 1.2.5 | Ensaio da valsa |
| 1.2.6 | Roupa para a família e damas |
| 1.2.7 | Divulgação |
| 1.2.7.1 | Convites |
| 1.2.7.2 | Entrega de convites |
| 1.2.7.3 | Nota na imprensa |
| 1.3 | Festa |
| 1.3.1 | Local |
| 1.3.1.1 | Salão |
| 1.3.1.2 | Toldos |
| 1.3.1.3 | Iluminação |
| 1.3.1.4 | Decoração |
| 1.3.1.4.1 | Decoração do salão |
| 1.3.1.4.2 | Decoração das mesas |
| 1.3.2 | *Buffet* |
| 1.3.3 | Música |
| 1.3.4 | Cerimonial |
| 1.3.5 | Serviços de apoio |
| 1.3.5.1 | Orador |
| 1.3.5.2 | Fotografia |
| 1.3.5.3 | Filmagem |
| 1.3.5.4 | Segurança |
| 1.3.5.5 | Transporte |
| 1.3.5.6 | Limpeza |
| 1.4 | Finalização do evento |
| 1.4.1 | Pagamento de contas |
| 1.4.2 | Cartões de agradecimento |
| 1.4.3 | Entrega cartões agradecimento |
| 1.4.4 | Relatório do evento |

*Projeto de uma montagem teatral*

| | |
|---|---|
| 1 | Montagem teatral |
| 1.1 | Produção |

1.1.1 Escolha do autor/texto
1.1.2 Escolha do diretor
1.1.3 Seleção do elenco
1.1.4 Escolha do local
1.1.5 Levantamento dos custos
1.1.5.1 Aluguel do teatro
1.1.5.2 Direito autoral — SBAT
1.1.5.3 Direção/elenco/local
1.1.5.4 Cenário/iluminação/figurino/sonorização
1.1.5.5 Divulgação
1.1.5.6 Equipe de apoio (operadores/técnicos/montadores)
1.1.6 Patrocinadores
1.1.6.1 Âncora
1.1.6.2 Apoiadores
1.1.7 Contratação
1.2 Montagem
1.2.1 Preparação do elenco (ensaio)
1.2.2 Fabricação do cenário
1.2.3 Confecção dos figurinos
1.2.4 Iluminação
1.2.5 Sonorização
1.2.6 Divulgação na imprensa
1.2.7 Confecção/distribuição de convites
1.2.8 Apresentação
1.2.8.1 Estreia
1.2.8.2 Encenação
1.3 Apuração de resultados
1.3.1 Pesquisa de opinião
1.3.2 Retorno financeiro do investimento

Contribuição: Italo Lomba Bastos Junior.

*Projeto de produção de livro técnico*

1 Ger. do projeto (não detalhado aqui para não ficar repetitivo)

2 Produção editorial
2.1 Preparação de matérias
2.2 Esboço de ilustrações
2.3 Revisão ortográfica e gramatical
2.4 Preparo da ficha técnica
2.5 Registro direito autoral
2.6 Registro (ISBN)
3 Produção gráfica
3.1 Projeto gráfico
3.1.1 Capa
3.1.2 Miolo
3.2 Gráficos e ilustrações
3.3 Diagramação
3.4 Fotolitos
3.4.1 Fotolitos da capa
3.4.2 Fotolitos do miolo
3.4.3 Prova de prelo
3.4.4 Prova heliográfica
3.5 Impressão
3.6 Acabamento
4 Divulgação
4.1 Parceria comercial
4.2 Entrega para distribuição

Contribuição: Davi Miranda, Denis Matias, Fabiano Jardim, Pedro Oishi, Roberto Pons e Virgílio Costa.

*Projeto de ampliação de uma fábrica*

1 Ampliação de fábrica
1.1 Início da obra
1.2 Sondagem
1.3 Projetos
1.3.1 Arquitetônico

1.3.2 Estrutural
1.3.3 Contenção
1.4 Regularização do projeto junto à prefeitura
1.5 Serviços preliminares
1.5.1 Depósito
1.5.2 Demolições 1º andar
1.5.3 Demolições 2º andar
1.5.4 Demolição escada de acesso 2º andar
1.5.5 Remoções de entulho 1º andar
1.5.6 Remoção de entulho 2º andar
1.5.7 Instalação e locação
1.6 Muros de contenção
1.6.1 Muro de contenção — fundos
1.6.2 Muro de contenção lateral
1.7 Fundações
1.7.1 Blocos e sapatas armadas
1.7.2 Cintas de travamento (fundação)
1.8 Estrutura (pilares + cintas de travamento)
1.8.1 Formas
1.8.2 Armação
1.8.3 Concretagem
1.8.4 Desforma
1.9 Cobertura
1.9.1 Confecção das treliças
1.9.2 Instalação das treliças
1.9.3 Colocação das telhas
1.9.4 Calhas
1.10 Utilidades
1.10.1 Instalações elétricas
1.10.2 Instalações hidráulicas
1.10.3 Instalações de GN
1.10.4 Instalações de oxigênio
1.10.5 Instalações de propano

| | |
|---|---|
| 1.10.6 | Instalações de ar comprimido |
| 1.10.7 | Instalações mecânicas |
| 1.11 | Acabamento |
| 1.11.1 | Paredes |
| 1.11.1.1 | Assentamento de alvenaria |
| 1.11.1.2 | Chapisco |
| 1.11.1.3 | Reboco |
| 1.11.1.4 | Emassamento |
| 1.11.1.5 | Pintura |
| 1.11.1.6 | Divisórias |
| 1.11.2 | Piso |
| 1.11.2.1 | Enchimentos e regularizações |
| 1.11.2.2 | Contrapiso |
| 1.11.2.2.1 | Armação |
| 1.11.2.2.2 | Concretagem |
| 1.11.2.2.3 | Juntas de dilatação |
| 1.11.2.3 | Serviços de acabamento |
| 1.11.3 | Esquadrias |
| 1.11.3.1 | Assentamento de janelas |
| 1.11.3.2 | Assentamento de portas |
| 1.11.3.3 | Assentamento de venezianas |
| 1.11.4 | Vidro |
| 1.12 | Instalação da linha de produção |
| 1.12.1 | Chegada equip. Porto RJ |
| 1.12.2 | Liberação alfandegária |
| 1.12.3 | Transporte |
| 1.12.4 | Descarregamento |
| 1.12.5 | Montagem equipamentos |
| 1.13 | Ger. do projeto (não detalhado aqui para não ficar repetitivo) |

Contribuição: Túlio Teixeira.

*Projeto de um condomínio residencial*

| | |
|---|---|
| 1 | Ger. do projeto (não detalhado aqui para não ficar repetitivo) |
| 2 | Projetos |
| 2.1 | Anteprojeto |
| 2.1.1 | Levantamento planialtimétrico |
| 2.1.2 | Levantamento das leis de uso do solo e zoneamento |
| 2.1.3 | Apresentação do anteprojeto |
| 2.1.4 | Aceite do anteprojeto |
| 2.1.5 | Estudo de viabilidade econômica |
| 2.2 | Apresentação |
| 2.2.1 | Apresentação do projeto de arquitetura |
| 2.2.2 | Apresentação do projeto urbanístico (implantação) |
| 2.2.3 | Aceite das apresentações |
| 2.3 | Aprovação em órgãos públicos |
| 2.3.1 | Elaboração dos desenhos para aprovação nos órgãos públicos |
| 2.3.2 | Acompanhamento dos processos até a liberação dos alvarás |
| 2.3.3 | Solicitação do "habite-se" após a conclusão da obra |
| 2.3.4 | Acompanhamento dos processos até a liberação do "habite-se" |
| 2.4 | Projeto-base |
| 2.4.1 | Projeto-base de arquitetura |
| 2.4.2 | Projeto-base de urbanismo |
| 2.5 | Projeto executivo |
| 2.5.1 | Projeto executivo e detalhes |
| 2.5.2 | Projeto estrutural e cálculos |
| 2.5.3 | Projeto de instalações hidráulicas |
| 2.5.4 | Projeto de instalações elétricas |
| 2.5.5 | *As built* |
| 2.5.6 | Projeto paisagístico e iluminação |

3 Construção
3.1 Serviços preliminares
3.1.1 Terraplanagem
3.1.2 Canteiro de obras
3.2 Infraestrutura
3.2.1 Topografia
3.2.2 Drenagem e esgoto
3.2.3 Arruamento
3.2.4 Iluminação pública
3.2.5 Muro de fechamento e guarita
3.3 Residências
3.3.1 Fundações
3.3.2 Estrutura
3.3.3 Acabamento
3.3.3.1 Revestimentos
3.3.3.2 Instalações
3.3.3.3 Esquadrias
3.3.3.4 Cobertura
3.4 Paisagismo
3.4.1 Praças
3.4.2 Residências
3.5 Conclusão da obra
4 Marketing & comercial
4.1 Divulgação (mídia)
4.2 Lançamento (evento)
4.3 Vendas (contrato)

Contribuição: Albino Mercado, Marcelo Cardoso Gothe, Marcos Andrade Batista, Nilton Sergio Capuano e Rogério Rocha e Silva Mandetta.

*Projeto de lançamento de um novo veículo*

1 Lançamento de novo veículo
1.1 Ger. do projeto (não detalhado aqui para não ficar repetitivo)

1.2 Definição do produto
1.2.1 Análise da concorrência
1.2.2 Pesquisa de mercado
1.3 Definição do modelo de estilo
1.3.1 Pré-estudos (desenho)
1.3.1.1 Definição de dimensões máximas
1.3.2 Construção de maquetes
1.4 Descrição técnica do produto
1.4.1 Valorização do investimento e custo do produto
1.4.1.1 Avaliação de custos
1.4.1.2 *Payback*
1.4.2 Definição de chassi
1.4.3 Definição de carroceria
1.4.4 Definição de instalação elétrica
1.4.5 Definição de motor
1.5 Desenvolvimento do projeto do produto
1.5.1 Projeto do produto
1.5.1.1 Planejamento
1.5.1.2 Detalhamento
1.5.1.3 Elaboração matemática das peças
1.6 Desenvolvimento do projeto do processo
1.6.1 Projeto do processo
1.6.1.1 Análise de investimento
1.6.1.2 Análise de mão de obra
1.6.1.3 Definição da capacidade produtiva
1.6.2 Relatório de impacto operacional
1.7 Construção de protótipos
1.7.1 Protótipos
1.7.1.1 Definição de fornecedores e contratações
1.7.1.2 Recebimento de peças
1.7.1.3 Montagem de protótipos
1.7.1.4 Testes sobre protótipos

1.8 Construção de ferramental
1.8.1 Definição dos ferramentais
1.8.2 Fabricação do ferramental
1.8.3 Qualificação do ferramental
1.9 Pré-séries
1.9.1 Recebimento de peças
1.9.2 Montagem de pré-séries
1.9.3 Testes de durabilidade e confiabilidade
1.9.4 Aprovação do processo produtivo
1.10 Desenvolvimento do site de vendas online
1.10.1 Contratação de fornecedores
1.10.2 Elaboração do site
1.10.3 Aprovação do site
1.11 Treinamento da rede assistencial
1.11.1 Contratação das empresas para treinamento
1.11.2 Definição do treinamento
1.11.3 Realização do treinamento
1.11.4 Certificação
1.12 Início de produção
1.12.1 Programação dos componentes
1.12.2 Programação da produção
1.12.3 Montagem
1.13 Lançamento do produto
1.13.1 Definição da publicidade
1.13.2 Contratação da empresa de publicidade
1.13.3 Divulgação do produto na mídia
1.13.4 Evento de lançamento
1.14 Fechamento
1.14.1 Memória técnica
1.14.2 Encerramento de contratos
1.14.3 Relatórios de lições aprendidas
1.14.4 Encerramento do projeto

*Projeto de remodelagem e automatização de processo*

| | |
|---|---|
| 1 | Remodelagem e automatização de processo |
| 1.1 | Ger. do projeto (não detalhado aqui para não ficar repetitivo) |
| 1.2 | Modelagem do processo atual |
| 1.2.1 | Lista dos funcionários e setores envolvidos |
| 1.2.2 | Formação da equipe de validação |
| 1.2.3 | Levantamento do processo atual |
| 1.2.4 | Reunião de validação do processo atual |
| 1.2.5 | Modelo do processo atual |
| 1.3 | Modelagem do processo otimizado |
| 1.3.1 | Levantamento de alternativas de solução |
| 1.3.2 | Reunião de formulação do processo otimizado |
| 1.3.3 | Escolha da solução a ser implementada no software |
| 1.3.4 | Apresentação da solução à equipe de validação |
| 1.3.5 | Registro dos ajustes apontados |
| 1.3.6 | Modelo do processo otimizado |
| 1.4 | Implementação do processo otimizado |
| 1.4.1 | Desenvolvimento do software |
| 1.4.2 | Testes preliminares |
| 1.4.2.1 | Plano de testes |
| 1.4.2.2 | Teste |
| 1.4.2.3 | Relatório de testes preliminar |
| 1.4.3 | Reunião de avaliação do relatório dos testes |
| 1.4.4 | Ajustes após avaliação |
| 1.4.5 | Manuais |
| 1.4.5.1 | Manual de operação |
| 1.4.5.2 | Manual do usuário |
| 1.5 | Implantação |
| 1.5.1 | Estratégia de implantação |
| 1.5.2 | Instalação do sistema |
| 1.5.3 | Migração de dados |

1.5.4 Treinamento
1.5.5 Início da operação (marco)
1.6 Encerramento do projeto
1.6.1 Acompanhamento do início da operação
1.6.2 Relatório das lições aprendidas
1.6.3 Relatório do projeto

*Projeto de desenvolvimento de sistema utilizando o método tradicional (em cascata)*

1 Desenvolvimento sistema método tradicional
1.1 Ger. do projeto (não detalhado aqui para não ficar repetitivo)
1.2 Infraestrutura de desenvolvimento
1.2.1 Hardware
1.2.2 Software
1.2.3 Treinamento equipe desenvolvimento
1.3 Levantamento
1.3.1 Entrevistas
1.3.2 Modelo funcional atual
1.3.3 Modelo de dados atual
1.3.4 Alternativas de solução
1.3.5 Seleção alternativa
1.4 Projeto
1.4.1 Modelo funcional proposto
1.4.2 Modelo de dados proposto
1.5 Implementação
1.5.1 Prototipagem
1.5.1.1 Desenho de telas
1.5.1.2 Relatório de alterações
1.5.1.3 Realização das alterações
1.5.1.4 Aceite do cliente
1.5.2 Desenvolvimento

1.5.2.1 Projeto físico

1.5.2.2 Codificação dos módulos

1.5.2.3 Plano de testes unitários

1.5.2.4 Plano de testes integrados

1.5.3 Testes

1.5.3.1 Plano de testes

1.5.3.2 Testes unitários I

1.5.3.3 Testes integrados I

1.5.3.4 Resultado dos testes I

1.5.4 Ajustes e correções

1.5.4.1 Ajustes e correções I

1.5.4.2 Testes unitários II

1.5.4.3 Testes integrados II

1.5.4.4 Resultado dos testes II

1.5.4.5 Relatório de ajustes e correções II

1.5.4.6 Ajustes e correções II

1.5.5 Documentação

1.5.5.1 Manual do sistema

1.5.5.2 Manual do usuário

1.5.5.3 Manual de operação

1.5.5.4 Material treinamento

1.6 Implantação

1.6.1 Configuração da infraestrutura

1.6.2 Instalação do sistema

1.6.3 Testes do cliente

1.6.4 Conversão dos dados

1.6.5 Treinamento

1.6.6 Operação assistida

1.6.6.1 Ajustes e correções

1.6.6.2 Acompanhamento

1.7 Fechamento

1.7.1 Aceite formal do cliente

1.7.2 Relatório de lições aprendidas

1.7.3 Comemoração

*Projeto de implantação de um pacote de ERP (enterprise resource planning)*

| | |
|---|---|
| 1 | Projeto de implantação de um ERP |
| 1.1 | Ger. do projeto (não detalhado aqui para não ficar repetitivo) |
| 1.2 | Definição |
| 1.2.1 | Definição de fronteiras/escopo do produto |
| 1.2.2 | Análise dos impactos |
| 1.2.3 | Comprometimento com o projeto |
| 1.2.4 | Formação da equipe |
| 1.3 | Estudo de viabilidade |
| 1.3.1 | Relatório técnico preliminar |
| 1.3.2 | Medida dos impactos nos negócios |
| 1.3.3 | Avaliação do custo |
| 1.3.4 | *Payback period* |
| 1.3.5 | Relatório consolidado |
| 1.3.6 | Apresentação do estudo |
| 1.4 | Seleção de pacote × desenvolvimento |
| 1.4.1 | *Request for proposal* |
| 1.4.2 | Análise das propostas |
| 1.4.2.1 | Análise dos custos (TCO — *Total cost of ownership*) |
| 1.4.2.1.1 | Custos de preparação |
| 1.4.2.1.1.1 | Reestruturação dos processos |
| 1.4.2.1.1.2 | Curva de aprendizagem |
| 1.4.2.1.1.3 | Treinamento |
| 1.4.2.1.1.4 | Infraestrutura |
| 1.4.2.1.1.4.1 | Aquisição de novo hardware |
| 1.4.2.1.1.4.2 | Atualização de banco de dados |
| 1.4.2.1.1.4.3 | Atualização da rede |
| 1.4.2.1.2 | Custos de implantação |
| 1.4.2.1.2.1 | Consultorias |

1.4.2.1.2.2 Customização

1.4.2.1.2.3 Migração dos dados dos sistemas legados para o novo sistema

1.4.2.1.2.4 Integração

1.4.2.1.2.5 Testes

1.4.2.1.3 Custos de operação

1.4.2.1.3.1 Administração da rede

1.4.2.1.3.2 Administração do novo sistema

1.4.2.2 Análise de características (ISO/IEC 9126)

1.4.2.2.1 Funcionalidade

1.4.2.2.2 Confiabilidade

1.4.2.2.3 Usabilidade

1.4.2.2.4 Eficiência

1.4.2.2.5 Manutenibilidade

1.4.2.2.6 Portabilidade

1.4.2.3 Análise da arquitetura de informação

1.4.2.3.1 Infraestrutura tecnológica

1.4.2.3.2 Metodologia de desenvolvimento dos trabalhos

1.4.2.3.3 Ferramentas de suporte ao projeto

1.4.2.3.4 Estratégia de implantação

1.4.3 Relatório da seleção

1.5 Contratação do pacote/desenvolvimento

1.5.1 Redação contrato

1.5.2 Negociação contrato

1.5.3 Parecer jurídico

1.5.4 Assinatura do contrato

1.6 Preparação da implantação

1.6.1 Quebra de resistências (*change management*)

1.6.2 Reestruturação dos processos

1.6.3 Treinamento

1.6.4 Infraestrutura

1.6.4.1 Aquisição de novo hardware

1.6.4.2 Atualização do banco de dados

| | |
|---|---|
| 1.6.4.3 | Atualização da rede |
| 1.7 | Customização |
| 1.7.1 | Adaptações do software |
| 1.7.2 | Migração |
| 1.7.3 | Testes |
| 1.7.4 | Correções |
| 1.8 | Implantação |
| 1.8.1 | Instalação |
| 1.8.2 | Treinamento |
| 1.8.3 | Migração final |
| 1.8.4 | Validação |
| 1.8.5 | Correções |
| 1.9 | Início da operação |
| 1.9.1 | Acompanhamento inicial |
| 1.9.2 | Correções |
| 1.10 | Fechamento |

# Os autores

## Mauro Afonso Sotille

Doutorando em administração de empresas pela Universidade Nacional de Rosário. Especialista em administração de empresas e em ciências da computação pela UFRGS. Bacharel em informática pela PUC-RS e engenheiro pela UFRGS. Foi presidente do Project Management Institute (PMI) no RS e possui certificação PMP desde 1998. É diretor do PMI-Issig para a América Latina e diretor da Sucesu-RS. Atuou por 14 anos como gerente na Hewlett-Packard. Coautor do livro *Como se tornar um profissional em gerenciamento de projetos*, livro-base de preparação para certificação PMP, e foi membro da equipe que desenvolveu o *PMBOK®* 4ª edição. Possui atuação acadêmica em diversas universidades e é professor convidado do Programa de MBA da Fundação Getulio Vargas.

## Luís César de Moura Menezes

Mestre em engenharia da produção pela Coppe/UFRJ. Engenheiro mecânico pela Universidade de São Paulo. Tem atuação acadêmica na Universidade de São Paulo e na Universidade Federal de São Carlos. Professor convidado da Fundação Getulio Vargas. É membro do Project Management Institute (PMI) e certificado internacionalmente como PMP pelo mesmo instituto. Consultor de empresas como: Petrobras, Sabesp, Duke Energy, Cemig, Comgás, Computer Associates, Syngenta, ABB, CPqD, Promon, Vivo, AC Nielsen e TV Globo, Datasus, entre outras.

## Luiz Fernando da Silva Xavier

Doutorando em administração de empresas pela Universidade Nacional de Rosário. Mestre em administração de empresas pela UFF, certificado como PMP pelo PMI, especialista em análise de sistemas pelo IBPI e graduado em ciências econômicas pela UFF. Possui mais de 25 anos de experiência profissional em gerenciamento de projetos e processos empresariais. Sócio-diretor da Beware Consultoria Empresarial e da High Capacity. Coautor do livro *Metodologia de gerenciamento de projetos — Methodware®*, uma edição da Brasport, 2009. Professor convidado da Fundação Getulio Vargas desde 1998.

## Mário Luis Sampaio Pereira

Doutorando em administração de empresas pela Universidade Nacional de Rosário. Mestre em inteligência competitiva pela Universidade Aix-Marseille. Especialista em administração de empresas pela Eaesp/FGV e em administração da produção pela Facesp, graduado em arquitetura pela UFRJ e em processamento de dados pela PUC-Rio, além de certificado como PMP pelo PMI desde 2001. Consultor de negócios e projetos de empresas nacionais e internacionais há mais de 20 anos nas áreas de capacitação de média e alta gerência, planejamento estratégico, marketing em rede, modelagem de processos, fábricas de

SW, escritórios de projetos e metodologia de gerenciamento de projetos. Professor dos MBAs em Projetos e Gestão Empresarial da FGV, UFF e USP.

Impresso por:
MANGAVA
editora e gráfica
Tel.: 2159 7979
email.: comercial@mangavaeditoraegrafica.com.br